マイナビ新書

きメソッド

石田章洋

マイナビ新書

はじめに

あなたは仕事をしている時間の多くを「書くこと」に費やしていませんか？

日報に取引先へのお礼のメール、社内メールに企画書、提案書に出張報告書……。

そうしたビジネス文書を書くことに奪われている時間を営業活動にまわせたら、ノルマだってらくらくクリアできるんだけどなあ——。

そんな歯がゆさを感じている方も多いでしょう。ただ、ビジネス文書を書くことに貴重な時間をとられているのは、あなただけではありません。

じつはいま、ビジネスシーンでは、以前に比べて「書くこと」の比重が高まる一方。そのため残業時間の大半を「書くこと」に費やしている人もいるほどです。

本書は「書くこと」に多くの時間を費やさざるをえないあなたに、苦労せずサクサクと「文章を速く書き上げるための技術」を伝える本です。

わたしは30年近く、書籍の編集およびライター、そして放送作家の仕事にたずさわってきました。ここまでの半生、まさに「書くことが生きること」だったといって過言ではありません。

最近は４冊の書籍の執筆と、３本のテレビのレギュラー番組および特番の台本書きを同時にこなしています。そういうと「徹夜続きで大変でしょう、ちゃんと眠れていますか」などと心配していただくことがあります。しかし、わたしはそれらの仕事を、余裕を持って進めています。それは本書で紹介する「速書きメソッド」を使っているからです。

この「速書きメソッド」はわたしの30年以上続く、文筆生活のなかで身につけたもの。ライターデビュー当時は、たびたび締め切りに遅れて迷惑をかけていたわたしが家族と猫たちを育てるためにトライ&エラーで習得した、文章を速く書くためのコツです。

そのノウハウを今回は、ビジネスマンのみなさんが仕事に使えるよう、わかりやすくアレンジしました。

メソッドの中身は、いたってシンプルです。速く書くためには、まずひとつの文を迷わず作ること。その基本を第1章で紹介します。

第2章では、そうして作ったひとつひとつの文をすばやく組み立ててビジネス文書に仕上げるノウハウについて書いています。

第3章では「穴埋め」するだけでビジネス文書を作ることができるフレームを紹介します。フレームとは構造、構成のこと。穴埋めするだけでビジネス文書をどういう流れで書けばよいか、構成の基本が身につくものです。

第4章で紹介するのは、質問に答えるだけで「企画書」や「報告書」を書き上げて、オリジナルのフレームを作るノウハウ。第3章とあわせてやってみれば、ビジネス文書がどういう構造をしているのか、誰でも理解できます。

第5章は、わたしも日常の仕事で大いに活用しているワープロ機能のウラ技や禁断のコピペ技といった速く書くためのテクニックです。ちょっとしたことなのですが、こうした技を知っているかいないかで、大きな差が出ます。

第6章は速く書くための環境作り、第7章はレポートや論文といった長文を速く書くために知っておきたいこと。

　これらをマスターすれば、ビジネス文書を書くことにとられていた時間を、本来やるべき業務に向けることができます。


　速く書けるようになることは、あなた自身の成長につながります。

　例えば1日に平均3時間、書くことに費やしていた時間が半分になれば1週間で10時間を超える自由な時間が持てます。その時間を読書に使うことができたら1年後、本を読まなかった同僚とどれほど差ができているでしょうか。

　その時間を趣味やデートに使うことができたら人生がどれほど充実するでしょう。ジョギングをしたりスポーツクラブに通ったりして体を鍛えてもいい。あなたの体力は向上しビジネスの場でもプライベートでもエネルギッシュに活動できるはずです。

　ビジネスの文書は名文や美辞麗句である必要はありません。情報がストレートに伝わればよいのです。頭を悩ませていないで時間を有意義に使いましょう。

スーパー速《はや》書《が》きメソッド

目次

第2章　伝わる文章を速く作る秘訣

第3章　穴埋めで速い！　伝わる「定番」フレーム

第4章　あなただけのオリジナルフレームを作るテクニック

第5章　3分で文書を仕上げるための小ネタ・テクニック

第6章　速く書くための環境を整える！

第7章 レポートなどの「長文」を速く書く方法

●付録　巻末資料

第1章

一文を速く書き、伝わる文にする秘訣

第１章では「時間がかかり伝わらない文章＝〝悪文〟」と「速く書け、伝わる文章＝〝良文〟」を比較しながら速く書くコツを学んでいきます。自分に当てはまる「症状」がある場合、そこを改善すれば速く書けるようになります。

〝ダラダラ文〟症候群のあなたへ

短いから速い！

「文章がダラダラと長い」、そういわれた経験はありませんか。あるとしたらそれは〝ダラダラ文〟症候群の初期症状です。悪文と良文を比較してすぐに治療しましょう。

悪文　一人暮らしを始めたこともあり自炊をすることになったのでまずはインスタントラーメンをたくさん買ってきたが私は醤油ラーメンも好きだし味噌ラーメンも好きなのでどちらから食べ始めようか迷う。

▼

良文　一人暮らしを始め自炊することにした。インスタントラーメンをたくさん買ってきた。わたしは醤油ラーメンも味噌ラーメンも好きだ。どちらから食べるか迷う。

ビジネス文書で、「悪文」のように**次から次へ、つなげて書いてしまうと読み手には〝何がいいたいのか〟わかりにくくなります**。またタイピングする文字数も増えるため物理的に時間がかかります。

ビジネス文書を速く書き上げたいなら、**ひとつの文を短くいい切ること**が大切です。目安は40字以内。それより長くなったらどこかで句点＝「。」を打てないか、考えてください。

悪文の網掛け部分に注目してください。このように「ので」や、逆説でもないのに「が」を使って文をつなげるとダラダラ長くなります。書きながら「が」や「ので」を使いたくなったら、そこで句点を打ってみましょう。

言葉は短くいい切ればいい切るほど、強くなる性質を持っています。その点でもひとつの文は短くいい切りましょう。

〝詰め込みすぎ〟症候群のあなたへ

具が少ないから味がきわだつ

ひとつの文にいろんな要素を詰め込んでしまうのが〝詰め込みすぎ〟症候群。
これも文章が長くなってしまい、書くスピードが遅くなる原因です。

悪文　ナポレオンは革命後の国内の混乱をしずめ、皇帝になったが、ロシア遠征で冬将軍に敗れてしまったことがきっかけで、結局、島流しになって51歳で波乱万丈の生涯を終えた。

▼

良文　ナポレオンは革命後の国内の混乱をしずめ、皇帝になった。しかしロシア遠征で冬将軍に敗れた。結局、島流しとなり波乱万丈の生涯を終えた。51歳の若さだった。

漫画『美味しんぼ』（小学館）の主人公、山岡士郎は新婚の妻、栗田ゆう子に「味噌汁に具をいっぱい入れると〝味が濁る〟」と注意しました。この発言に読者からは「味噌汁を作ってくれた新婚の妻になんてことをいうのだ！」との批判がありました。また具沢山の豚汁などは美味しいですよね。ただしビジネス文書においては山岡のいうとおりです。

「悪文」では、出だしから句点まで一気呵成にナポレオンの半生が書かれています。これではナポレオンの半生のどこを強調したいのかわかりません。**ひとつのお椀に具をたくさん入れすぎてしまうと「文章の味が濁る」**のです。比べれば「良文」のほうがナポレオンの栄枯盛衰がきわだっています。

それだけではありません。ひとつの文章の中にいろんな材料を詰め込もうとすると、書いている方も整合性を取りつくろうのが大変になります。

豚汁を作るには時間がかかります。でも豆腐の味噌汁を作るのは簡単ですばやいのと同じ。文の中にもいろんな〝具〟を詰め込まないように心がければ速く書けます。

〝意味不明文〟症候群のあなたへ

主人と家来が近いから伝わる

ここでいう「主人」とは「主語」のこと、「家来」とは「述語」のことです。主語は「何が・何は・誰が・誰は」にあたる言葉で、述語は「どうする・どうした」などの言葉です。このふたつが離れると読み手が混乱する文になります。

悪文　課長は笑って顔を真っ青にしてあわてている部下を許した。

▼

良文　顔を真っ青にしてあわてている部下を、課長は笑って許した。

「悪文」では、主人（主語）である課長が「笑って」いるのか、「顔を真っ青にしてあわてている」のか、読んでいるほうが混乱します。その原因が家来（述語）と離れてしまったことです。

この場合の主人（主語）は「課長」、家来（述語）は「許した」ですから、「良文」のように、そのふたつが近くにあると混乱が起きません。**家来は主人のすぐそばにいるから情報の伝達がスムーズ**なのです。

例文は、センテンスが短いため、まだ書くほうに混乱は起きないかもしれません。

しかし長い文の場合に、主人と家来を離してしまうと間にさまざまな要素が入るため書くほうも混乱してきます。その結果ひとつの文を書くにも時間がかかってしまいます。

伝わる文を書くためには、**いつも主人のそばに家来をひかえさせる**よう心がけます。

主語を書いたあとには、心の中で述語に対し「苦しゅうない、近こうよれ」といってみましょう。

〝文章メタボ〟症候群のあなたへ

逃げずにダイエットしろ！

メタボは健康によくありません。また太っていると動きも遅くなりがちです。同様にビジネス文書でも余計な脂肪＝言葉がついていると書くスピードが遅くなります。

〝メタボな文章〟とそうでないスリムな文章を比べてみましょう。

悪文　ソマリアという国は基本的に、世界的に見ても、人々がとても生活に困っている、貧しい最貧国のひとつだと思われます。

▼

良文　ソマリアは最貧国のひとつだ。

悪文と良文は、同じ内容です。しかし良文の文字量は悪文の約4分の1。その分、速く書けるのはいうまでもありません。では悪文のどこがメタボなのでしょうか。

まず悪文の網掛け部分。「基本的に」は、いい切る自信がないとき、確信が持てないときに使う**「逃げ」の言葉**です。必要ありません。「思われます」も同じく腰の引けた逃げの言葉です。使いたいときは「思います」にします。

そう書きましたがビジネス文書では「思います」も不要です。

例えば「今後、調整を進めてみたいと思います」といった文は「今後、調整します」といい切りましょう。「という国も」も意味のない逃げ言葉ですので不要です。**「という」は省けるケースが多い**ので省略しましょう。

いい切ることから逃げていると文がメタボになるだけでなく、説得力に欠けるビジネス文書になるので注意してください。

〝頭痛が痛い文〟症候群のあなたへ

重ね着は稚拙なファッション

前項と同じ文章ですが、今度はこちらの網掛けの部分に注目してください。同じ意味の言葉が重なっていることに気づくはずです。

悪文 ソマリアという国は基本的に、世界的に見ても、人々がとても生活に困っている、貧しい最貧国のひとつだと思われます。

▼

良文 ソマリアは最貧国のひとつだ。

まず「世界的に見ても」。これはあとに登場する「最貧国」の中に、「世界的にもっとも貧しい」という意味が含まれているので省きます。「人々がとても生活に困っている」も「貧しい」も、「最貧国」というひと言でいい表せるので落とします。

同じ意味の言葉が重複する「重ね言葉」は稚拙な文章の代表です。代表的な例として「頭痛が痛い」「馬から落ちて落馬した」があるため「頭痛が痛い文」とか「馬から落馬文」とも呼ばれます。

あなたも「まず最初に」「あらかじめ予定された」など、重ね言葉をうっかり使っていませんか？

これらの重ね言葉は、**言葉の意味を考えれば防げます**。例えば「あらかじめ予定された」。「予定」とは「予（あらかじ）め定められた」ことだとわかれば、重ねてしまうことはありません。

最近のワープロソフトは、「あらかじめ予定」とか「まず最初に」などの重ね言葉を入力すると「波線」で指摘してくれます。そうした機能も利用しましょう。

〝繰り返し〟症候群のあなたへ

ゴミはまとめて捨てましょう

〝重ね言葉〟ではありませんが、述語の部分で同じ意味の言葉を繰り返している文章もダイエットできます。

悪文 彼女はカレーを残さず食べ、ラーメンも完食し、オムライスもぺろりとたいらげた。

▼

良文 彼女はカレーも、ラーメンも、オムライスもすべて食べた。

大食い選手権に出場できそうな彼女です。豪快な食べっぷりを表現するため「残さず食べた」「完食した」「ぺろりとたいらげた」などとブログに書くと親しみやすい文章になります。

ただしビジネス文書を速く書くという点からはおすすめしません。なぜなら「食べる」も「完食する」も「たいらげる」も同じ意味だからです。同じ意味の述語を繰り返して無駄に文字数を増やしていますので、良文のように「すべて食べた」でまとめましょう。

同じ意味や、似た意味の言葉をまとめると文章はスッキリします。

例えば「部長のアドバイスや助言、そしてご提案のおかげで企画が通りました」という文章。部長に感謝する気持ちはわかりますが「アドバイス」も「助言」も「提案」も同じです。速く書くならば、どれかひとつにまとめましょう。

ひとつの文章にまったく同じ言葉が繰り返し出てくる場合も削ってひとまとめにしてください。「企画を通すための課題としては、3つの課題が考えられる」は「企画を通すための課題は3つある」で十分です。

〝それ・この・その回避〟症候群のあなたへ

「ピンチヒッター指示代名詞」で伝わる

多用すると混乱をもたらす〝指示代名詞〟も使い方次第です。

悪文 新しいオペレーティングシステム（OS）を導入することを提案します。新しいオペレーティングシステム（OS）があれば作業時間が短縮できるためご検討のほどよろしくお願いいたします。

▼

良文 新しいオペレーティングシステム（OS）の導入を提案します。それが導入されれば作業が効率化します。

小学生時代の国語のテスト。例文が書いてあって、「文中の『それ』はいったい何を指すか？」という問題がよく出されました。

ビジネス文書は国語のテストではないので「それ」「これ」「その」といった**指示代名詞を多用するのは禁物、具体的に書く**よう指導されます。

しかし良文のように**直前の文を受け、ほかに選択肢がない場合は使って構いません。**悪文のように「新しいオペレーティングシステム（ＯＳ）の導入を提案します。新しいオペレーティングシステム（ＯＳ）が導入されれば～」などと書いていると残業時間が増えるだけです。

多く用いると読み手が混乱するためビジネス文書ではよくないとされる指示代名詞ですが、直前の文を受ける場合は積極的に使って時短に努めましょう。

〝丁寧すぎ〟症候群のあなたへ

余計なことは書くな！

文章のダイエット法を紹介してきましたが、文章術以外の部分で省略できるものも多くあります。例えば上司に提出する「日報」の例――。

悪文　本日の営業活動について以下に報告いたします。
本日は2件の成約がありました。（以下、詳細）
以上、本日の営業活動についての報告でした。

▼

良文　成約……2件。（以下、詳細）

日報は、日々の営業の成果を報告するもの。ですから「本日の営業活動について以下に報告いたします」と断る必要はありません。同じく「以上、本日の営業活動についての報告でした」という締めの言葉も省略できます。

企画書でも「企画意図」という見出しを書いたあとに、「それではここからこの企画の狙いを説明させていただきます」といった前書きを書く人がいますが、**余計な前書きは不要**。速く書くためだけでなく、積極的に省きます。

余計な前書きだけでなく、余計なつなぎの言葉も省けます。「というのも」「なぜなら」「そして」「そこで」「そのため」「また」「それに」「さらに」といった**つなぎの言葉は、省いても文章が成立する**なら省略します。

一語でも一字でも短くする意識は時短になるだけでなくビジネス文書をシャープなものにします。速書きの達人を目指すならば体脂肪率の少ない引き締まった筋肉質な文章を心がけましょう。

〝否定文〟症候群のあなたへ

ポジティブだから誤解を防げる！

「前向きな気持ちで書けば速い！」という精神論ではありません。ビジネス文書にも「ポジティブ」なものと「ネガティブ」なものがあるのです。

悪文 決してできないというわけではないが、成立しない場合が少なくない。

▼

良文 成立しない可能性が高い。

否定文	肯定文
・反対が多く採用されなかった	→ 不採用だった
・無償にはなりません	→ 有償です
・いまはもう行っていない	→ 中止した、廃止した
二重否定文	**肯定文**
・できないことはない	→ できる
・彼がいないというのはウソ	→ 彼はいる
・反対しないとも限らない	→ 反対する可能性がある

「少なくない」「いけないわけではない」などと否定形にすると意味も伝わりにくくなります。「少なくない」なら「多い」、「いけないわけではない」なら「いく」といい切りましょう。「いきたいけれどいけない」というニュアンスを含めたいなら、きちんといけない理由を述べるべきです。

注意したいのは、網掛けがしてある「できないわけではない」「しない場合が少なくない」という部分。このようない回しを**「二重否定」**といいます。

明確な意思表示が求められるビジネスシーンで**二重否定のような曖昧な表現をしていると誤解を生む原因**となります。

〝バルキ・ムラカミ〟症候群のあなたへ

比喩を使わないから速い！

村上春樹さんの小説は比喩が効果的に使われていて読者を村上ワールドへと引き込んでいます。しかしビジネス文書は小説とは異なり、「実用文」です。物事を何かにたとえる比喩表現は避けましょう。

悪文　「御社はまるでタケノコのように急成長をされており……」

▼

良文　「御社は急成長されており……」

「悪文」は〝直喩〟という比喩表現を使っています。しかし**比喩の受け止めかたは人によって異なります**。急成長を「タケノコのように……」とたとえた場合、書き手の意図通り〝急成長〟と受け取ってもらえればよいのですが、中には「雨後のタケノコ」を連想する人もいます。

「雨後のタケノコ」といえば「雨が降ったあと、タケノコが次々に出てくるところから物事が相次いで現れることのたとえ」なので、急成長の意味で使ったつもりでも、相手によっては「けなしている」と受け取られかねません。

「まるで天使のよう」「地獄のよう」といった比喩も、天使や地獄を実際に見たことがある人は少数派なので避けます。「坂道を転げ落ちるように業績が悪化した」という比喩も**具体的な数字**で書きましょう。

比喩は「主観」の形容です。**ビジネスでは主観より客観的な事実が大事**。どう受け取られるかわからない比喩表現は必要ありません。

〝ルー語〟症候群のあなたへ

カタカナ語の使いすぎに注意

カタカナ語を交えて話す、ルー大柴さんの〝ルー語〟が昔、流行りました。ルー語はギャグですが、ビジネスの場でもギャグのようなカタカナ語を使っていませんか？

悪文「ソリューションとしては、ダイバーシティのコンセプトのもと～」

▼

良文「解決策としては、多様性を活かして～」

「悪文」のように英語をカタカナで表した、いわゆる〝カタカナ語〟を多用する人がいます。

しかし、ビジネス文書は「実用文」であることを忘れないでください。「ダイバーシティ」と書いてある場合、中にはフジテレビのあるお台場の街を思い浮かべる人もいます。そうであれば「多様性」と書くほうが確実に伝わります。「実用文」である限り、読み手に伝えたいことがすんなり伝わらないと意味がありません。

また、ほとんどの**カタカナ語は和訳された言葉で書くより長い**です。「イニシアチブ」は6文字ですが「主導」なら2文字、「エンフォースメント」と書けば9文字ですが「法執行」ならわずか3文字。「グローバルスタンダード」は11文字もありますが「世界標準」なら4文字ですみます。また「ディ」とか「トゥ」とかの**カタカナ入力はキーボードも押しにくい**です。

キーボードのタイピング数を増やして、しかも伝わりにくい、さらに「格好つけている」と思われてしまう、カタカナ語をあえて使う理由はありません。

〝文末難民〟症候群のあなたへ

文末を統一すれば読みやすい！

文末とは句点＝「。」の前に来る語尾のこと。

語尾を統一していないと次にあげる悪文のような〝文末難民〟となります。

悪文　スマートフォンの機能を使いこなせていない人が多いようです。特に年配の方にその傾向が多く見られるようだ。だからいま、求められているのは必要最低限の機能だけを搭載したスマートフォンなのです。

▼

良文　スマートフォンの機能を使いこなせていない人が多い。特に年配の方にその傾向が強い。いま、求められているのは必要最低限の機能だけを搭載したスマートフォンだ。

「悪文」の語尾には**「である調」**と**「です・ます調」**の両方が使われています。**語尾に異なる文体が混ざっていると読みにくい**もの。ビジネス文書では必ず**どちらかに統一**します。

語尾を「です・ます調」にした場合は、文頭も「だから」ではなく「ですから」に統一すれば「できるやつ」と思われます。

どちらの文体に統一するか**迷ったら「〜だ」に決めましょう**。なぜなら簡潔な文になるからです。文末を「です・ます調」に統一すると全体の言葉遣いも丁寧なものとなって字数が増えるだけでなく、変化の少ない単調な文章になってしまいがちです。**目指すのは、速く書ける引き締まった筋肉質の文章。「文末」を「〜だ」に決めれば必然的に文章も引き締まったものになります**。

ただしメールや手紙など、相手に語りかけるようなものは「です・ます調」が基本です。

〝〜の〜の〜の〟症候群のあなたへ

「〜の」は3タイプに置き換えろ！

文章を書いていて何度も助詞に「〜の」が続き、「いくらなんでも〝〜の〟が続きすぎだ。どうしよう！」と困ったことはありませんか？

悪文　「きのうの赤坂のA社での打ち合わせの資料の中の……」

▼

良文　「きのう、赤坂にあるA社での打ち合わせで示した資料に……」

悪文のように「〜の」が何度も続いていて、「〜の」をほかの言葉に換えたいのに思いつかないときは焦ってしまいます。

しかし、置き換えのコツさえ覚えれば、そんなことで迷わずに文章を書き進めることができます。

「〜の」が続いた場合、

「場所」であれば「〜に」「〜にある」「〜で」
「対象」に関することであれば「〜について」「〜に関する」
「所有物」であれば「〜が持っている」「〜が所有する」

に置き換えましょう。

例文で「きのうの赤坂」を「きのう、赤坂」としたように、**省略したうえで読点に置き換える**こともできます。「〜の」は省略できる場合も多いのでまず省くことを考えて、省けない場合にほかの言葉に置き換えてください。

〝置き換え力不足〟症候群のあなたへ

ことわざや慣用句の効果的な使い方

事実をそのまま書くと文章が長くなるとき、ほかの言葉に置き換えるだけで短くできる場合があります。「ことわざ」や「慣用句」も置き換えに使えます。

悪文　確かにA案のほうが早く処理できますがリスクも大きいため、より確実で安全なB案を採用したほうが結果的には早く目標を達成できるのではないでしょうか。

▼

良文　急がば回れ。A案よりB案のほうが確実に目標を達成できます。

ことわざや格言、慣用句の中には、長い説明をひと言で表してくれるものがあります。「良文」で使った「急がば回れ」もそのひとつ。「悪文」のような**文章を一気に短縮する**効果を持っています。

ほかにも「継続は力なり＝ひとつひとつの効果は微々たるものであっても、たゆまず努力を続けていけば、やがてはひとつの大きな事業を達成できる」、「小異を捨てて大同につく＝少しくらいの意見の違いがあっても、大勢の支持する意見に従う」、「我田引水＝物事を自分の利益となるようにひきつけて言ったり、したりする」、「是是非非＝よいことはよい、悪いことは悪いと、事に応じて判断する」などの**慣用句を使えば長くなる説明を端的に表現できます。**

「A社のB課長は無理な案件を含め、さまざまなリクエストをしてきますが、ひとつひとつの案件をよく見極めて、できるものはできる、できないものはできないと判断して対応していきたい」という長い文章も「B課長のリクエストには是々非々で対応したい」と書けば短くなります。

急がば回れ、試行錯誤しながら慣用句を使いこなせるようにしておきましょう。

〝ねじれ文〟症候群のあなたへ

文をトルネードさせるな

前半と後半でねじれている〝トルネード文〟は読む人を混乱させます。
例えば次の悪文のような例です。

悪文　わたしが送ったメールは、取引先のAさんとBさんです。

▼

良文　わたしは取引先のAさんとBさんにメールを送った。

悪文のような言葉は話し言葉であれば通じるかもしれませんが、ビジネス文書としては不合格です。なぜなら**文が前半と後半でねじれている**からです。

文が前後半でねじれる**トルネード文章は、基本通りシンプルな一文を作ることで防げます。ビジネス文書の基本は「何がどうした」「誰がどうした」**です。良文のように「わたしは〜送った＝誰がどうした」とする基本のスタイルを心がければもっともシンプルで迷いません。

もうひとつ、文の前後がトルネードしやすいパターンをあげます。

「ブラック企業では、社員の自由を奪っている」。

これは**「能動」と「受動」が混在している**パターンです。「ブラック企業では」とするなら「社員の自由が奪われている」と受動で受けなければねじれます。または前半を「ブラック企業は」、後半を「奪っている」として能動で受けても構いません。

文を書いたら、出だしと終わり方がねじれていないかチェックする習慣をつけましょう。

〝並べ方がわからない〟症候群のあなたへ

言葉の並べ方には基本がある

文章の構成要素、５Ｗ１Ｈにも並べ方の基本形があります。
それを知っている人と知らない人では一文の作成速度に大きな違いが出ます。

悪文　先方の担当者に山下部長が表参道で資料を明日、渡す予定です。

▼

良文　明日、表参道で山下部長が、先方の担当者に資料を渡す予定です。

速く書ける人は、情報の並べ方の基本的なルールを知っています。

基本は良文のように①「いつ（明日）」②「どこで（表参道で）」③「誰が（山下部長が）」④「誰に（先方の担当者に）」⑤「何を（資料を）」⑥「どうするか（渡す予定）」の順番で並べ、一文を作るというものです。

悪文でも意味は通じますが、その都度情報をどう並べるべきか迷っていたら余計な時間がかかります。基本の順番を覚えておいて、その通りに並べるほうが迷いなく一文が完成します。

①「いつ」②「どこで」③「誰が」④「誰に」⑤「何を」⑥「どうするか」という、基本を頭に入れておき、その順番で一文を作る習慣を身につけましょう。

そのうえで「主人（主語）」と「家来（述語）」が離れてしまう場合など、そのままではわかりにくくなる場合はこの原則を変えればよいのです。

並べる順番に迷ったら基本形で書く。基本があるとないでは大きな違いが出ます。

〝早押しクイズ文〟症候群のあなたへ

主人公は最初のシーンに登場させろ

映画やドラマ、小説でもそうですが誰が主人公なのか、なかなかわからない文章は受け手が混乱します。

悪文　「飽くなき探究心」と「尽きることのない独創性」を兼ね備えた人物といわれ、人類史上もっとも多才との呼び声も高い反面、孤高の天才とも呼ばれた人物、レオナルド・ダ・ビンチは～

▼

良文　レオナルド・ダ・ビンチは「飽くなき探究心」と「尽きることのない独創性」を兼ね備えた人物といわれ～

悪文はまるで早押しクイズの出題文です。「人類史上もっとも多才との呼び声も高い～」のあたりで早押しボタンを押してマイクに向かい「レオナルド・ダ・ビンチ！」と思わず叫んでしまいそうです。

ビジネス文書はクイズではありません。何行にもわたって、誰のことを書いているのかわからない文はありえません。**早めに「主人公」を登場させ理解しやすい文**にしましょう。

悪文のように、主人公が遅れて現れるビジネス文書をよく見かけます。例えば「会社設立後1年半の新設会社でありながら、すでに7社のホームページ作成を担当し、ネットを通じての問い合わせにも対応していて、未だ大きなトラブルがないA社は～」といった文章。これなども「A社は～」で始めて主人公を最初に登場させます。

一行書いて、まだ主人公が現れていなかったらあなたの文は「早押しクイズ文」になっています。映画やドラマと同じ、**主人公は早めに登場させることが鉄則**です。

〝読点サギ〟症候群のあなたへ

意味の切れ目が読点の出番

「こういうとき、どうするんだっけ？」「書くには書いたけど、これで間違っていないんだっけ？」、そうした〝迷い〟は文書の完成を遅らせる大きな要因です。最低限のルールは覚えておきましょう。まずは「読点」編からです。

悪文　大きな豚肉と、たっぷりのにんにくがラーメンのうまさの秘密だ。

▼

良文　大きな豚肉とたっぷりのにんにくが、ラーメンのうまさの秘密だ。

悪文では「大きな豚肉」という文と「たっぷりのにんにくがラーメンのうまさの秘密」という文を「、（読点）」が切り離しています。しかし本来「大きな豚肉」と「たっぷりのにんにく」は「ラーメンのうまさ」を引き立てている「並列」の要素です。ですから「、（読点）」で分けるとしたら「良文」が正解です。

ビジネス文書における**「、（読点）」の役割は、このように関係が近いものをまとめ、読み手に文章の構造をわかりやすく提示して誤解が生じないようにすること**です。

『日和違い』という読点で誤解する古典落語があります。「今日は、雨が降る天気ではない（＝晴れ）」と教えられたと勘違いし、傘を持たず出かけた男が雨に降られ、ずぶ濡れになるという噺です。これも文章にして「今日は雨が降る、天気ではない＝（雨）」というように読点で区切れば誤解が生じることはありません。

ビジネス文書では**「誤解を避けるために読点を打つこと」**がもっとも大切です。

〝バイト敬語〟症候群のあなたへ

敬語のルールはただひとつ

わかっているつもりでも、いざ書こうとすると迷うのが敬語。
あなたは次にあげる「悪文」の何が問題か、わかりますか?

悪文
「社長様がおっしゃられておられました」
「面談をご希望になられています」
「伝言をお承りいたしました」

▼

良文
「社長がおっしゃっていました」
「面談を希望されています」
「伝言を承りました」

失礼があってはならない人や地位の高い人には敬語をいくつも重ねてしまいがちです。しかしたくさん敬語を使ったからといって敬意が強調されるわけではありません。「悪文」のようにひとつの文に敬語を２つ以上つけた**多重敬語、二重敬語は、避けるべき**です。

それではここでクイズです。網掛けをした「社長様がおっしゃられておられました」という文章にはいくつの敬語が含まれているでしょうか？

正解は「４つ」。①「様」②「おっしゃる」③「られる」④「おられる」が絡まり合っているのです。**「ひとつの文に敬語はひとつ」**というルールがわかっていれば迷うことなく「社長がおっしゃっていました」となるはずです。

ただ敬語のルールはそれだけではありません。迷う時間がもったいないと思ったら、ポケットサイズの「敬語辞典」などを買って引き出しにしのばせておきましょう。

またコンビニエンスストアやファストフード。そうした接客業でのアルバイトで覚えた敬語、いわゆる「バイト敬語」はビジネスシーンでは慎重に使いましょう。「バイト敬語」には文法的に間違っているものが多くあるからです。例えばコンビニエンストアのレジでよく耳にするこのフレーズ。

「こちら、レシートになります」

この「〜になります」という表現は本来、「ある状態から別の状態への変化」を意味するもの。

「レシートになる」といわれれば、「この紙はいつになったらレシートになるのか？」「まだレシートになっていないのであればいま、この紙はなんなのだ？」と突っ込まれても仕方ありません。

それでは「レシートをお返しいたします」といえばよいでしょうか。

これも間違い。レシートは客が店に預けているものではないので、返すものではありません。この場合、普通に「レシートをお渡しします」でよいのです。

ほかにも「1万円からお預かりします」は「1万円、お預かりします」。「こちらでよろしかったでしょうか？」も「こちらでよろしいでしょうか」。「商品のほうはお持ち帰りですか」は「商品はお持ち帰りですか」でいいですし、「お並びいただく形になってしまいます」は「並んでいただく」で構いません。

第2章

伝わる文章を速く作る秘訣

一文を速く書けるようになったら、それらを並べてまとまったビジネス文書に仕上げます。そこで時間をとられてしまう人も多いのではないでしょうか？　ここからはよりすばやくひとつのビジネス文書を書き上げるためのノウハウを紹介していきます。なお、書くのに時間がかかる文を「遅文（ちぶん）」、速く書ける文を「速文（そくぶん）」として解説します。

〝準備不足〟のまま書いているあなたへ

６Ｗ４Ｈで材料を集めろ

速く書ける人と書くのが遅い人、最大の違いがしっかり準備を整えているかいないかです。あなたは遅文の凡人のようなことをしていませんか？

遅文の凡人

キーボードに手を置いてから必要な「材料」を探している。

速文の達人

パソコンに向かう前に書くための「材料」をきちんとそろえている。

学校で習った５Ｗ１Ｈ。これは「いつ（When）、どこで（Where）、誰が（Who）、何を（What）、なぜ（Why）、どのように（How）」という６つの要素をまとめた情報伝達のポイント、書くべき「材料」のことです。５Ｗ１Ｈにあたる内容を確実に伝えると情報をわかりやすく伝達できます。

ビジネスの場では、さらに広げて**「６Ｗ４Ｈ」**の要素から集めるよう心がけると必要な材料がもれなくそろいます。６Ｗ４Ｈとは……、

何のために（Why）、誰が（Who）、何を（What）、誰に（Whom）、いつ（When）、どこで（Where）、いくらで（How much）、どのように（How）、いつまでに（How long）、どのくらい（How many）。これをひとつずつ材料としてそろえるのです。

テレビの料理番組と同じで必要な材料が必要な分量、トレイの上に用意されていたらすばやく調理できます。それと同じことです。書き始めてから材料を探すから時間がかかるのです。必要な材料をそろえたうえでパソコンに向かいましょう。

〝目的がわからない〟で書いているあなたへ

誰が何のために読むか想定すれば、速い！

前項で紹介した６Ｗ４Ｈという「材料」のすべてを盛り込む必要はなく、目的に応じて取捨選択します。どの材料を選ぶかは「誰が何のために読むのか」で決まります。

遅文の凡人

相手が知っていることまでわざわざ書いている。

速文の達人

相手と共有している情報はわざわざ書かない。

例えば「課長に売上目標を達成できるかどうかを報告」する場合、こんな文章を書いていませんか？

「課長も出席されていた会議でわたしが立てた、売上を先月の120％にするという目標についての報告です。あれから半月あまりが経った現在、昨日も課長に報告した、A社からのクレーム処理に戸惑ったこともあり、なかなか苦戦していましたが、なんとか達成できる見込みです」

この文章は、**「誰に何のために伝えるか」が明確になっていない**ため、ダラダラと長くなっています。これは「課長に売上目標を達成できるかどうかの報告」ですので「いつ立てた目標か」や「A社とどんなトラブルがあったか」といった情報はすでに課長と共有しています。これは「報告書」ですから、「について報告します」といった前書きも不要です。ですから「先月比120％の売上目標、現在、A社の件の処理も終わり、達成できる見込みです」という短い報告で構いません。

速く書くためには、「誰に何のために書くのか」を明確にして、余計な材料を省く。

その上でシンプルに短く書けば、文章にわずらわされる時間はぐっと短くなります。

〝絞り込み不足〟で書いているあなたへ

材料を絞り込む方法

「誰に何を伝えるか」で材料を取捨選択したら、さらに材料を絞り込みましょう。

遅文の凡人

不必要な「材料」を持て余している。

速文の達人

書くための「材料」に優先順位をつけている。

材料選びの優先順位は、伝えたいことを「どれだけ強く支えてくれるか」です。
例えば、以下のようなものが考えられます。

＊伝えたいことに則した「事実・実例」
＊伝えたいことを裏付ける「データ・数字」、似たような「過去の事例」など
＊集めた材料に対する、あなたの「意見」

一方、材料に使うとマイナスの作用をするものもあります。

＊根拠のあいまいなもの（噂・ネット情報など）
＊偏見や個人的な好き嫌いの混ざった意見、「想像」「推定」、十分な事実の裏付けがない「独断」
＊伝えたいテーマとまったく関係のないこと

これらが混ざると伝える力が弱まるばかりか、逆効果になることさえあります。

同じような材料があり、どちらか迷ったら「受け手と共有しやすいもの」「オリジナリティがあるもの」「新鮮なもの」「わかりやすいもの」を選択しましょう。

〝行き当たりばったり〟で書いているあなたへ

書く前に設計図を作成せよ

書くスピードを大きく左右するのが、文書全体の「設計図」を用意しているかどうかです。設計図なしに書き始めるのは、地図も持たずに見知らぬ街を歩くのと同じで迷子になってしまいます。

遅文の凡人

書きながら考えている。

速文の達人

書く前に、全体像を考えている。

「速く書き上げる」ための最大のコツ、それは「急がば回れ」です。材料を集める時間がない。材料をどう並べて文書にするか考えるのが面倒だ。そう考えて書きながら材料を探したり、書きながら全体の流れを整えたりしていると、結局、書き上げるのに余計な時間がかかるのです。

ビジネス文書も同じです。Ａ４サイズ1枚の報告書を**10分で書き上げるとしたら5分は考える時間にあててください**。考えるのは用意した**材料をどんな順番で並べ、どう組み立てるか**ということです。

おすすめはポストイット（付箋）を使う方法です。まず書くべき材料を順不同にポストイットに書き出します。ポストイットは剥がすのが簡単ですから、並び替えながらもっともわかりやすい流れに組み立てるのです。

そうして「設計図」ができてしまえば、あとはそれに従って書くだけです。イメージはパソコンとプリンターの関係。設計図を作るまでがパソコンでの作業、実際に書く作業はプリンターで出力するようなもの。あっという間に文章が書き上がります。

〝前置きがないと不安〟なあなたへ

書き出しの鉄板法則

「材料を並べろ、といわれてもどれから並べればいいかわからない」という人がいます。ここでは「書き出しの基本」を紹介します。

遅文の凡人

冒頭に、どうでもいい「前置き」を続けている。

速文の達人

ズバリ、本題を「ひと言」で表してから始めている。

とあるイベント会社が催す〝婚活パーティー〟の企画書の冒頭を見てみましょう。

「縁は異なもの味なものなどといいます。男女の出会いはどこでどうなるかわからない。ですから出会いの機会というのは大切です。そこで今回の婚活パーティーの企画ですが、より異業種の男女が出会えるよう、理系男子と文系女子に限定したパーティーはいかがでしょうか。どうしてかといいますと……」

ビジネスの場で、こうした前置きをつけていたら「噺家か！」と突っ込まれます。ビジネス文書をすばやく仕上げたいなら余計なマクラ（前置き）は不要です。

ビジネス文書は「結論」から始めるのが基本。一番いいたいことを冒頭に持ってくれば、読むほうもすばやく文書の趣旨を理解できます。

この場合なら「理系男子と文系女子限定の婚活パーティーを提案します。なぜなら……」と結論を述べてから、あとの文を続けます。

結論は「ひと言」で書きましょう。問題の解決策であれば「問題は3つのステップで解決できます」など、全体を凝縮してひと言で書くのです。

「核心」から始めると決めておけば書き出しに迷うこともありません。

〝論理的な文章が書けない〟あなたへ

「結論」から始めれば論理的になる

論理的な「文章の構成法」というと難しく感じるかもしれません。しかし〝結論〟から始めると、自然と論理的な構成が可能になるのです。

遅文の凡人

最後に述べる「結論」に導こうとしている。

速文の達人

「結論」から始めて、結論を「補強」しながら組み立てている。

結論を最後まで残しておいた場合、さまざまなデータや論拠を積み重ねながら結論に導かなければなりません。これをきれいにまとめるためには緻密な構成力が必要です。しかし、**冒頭に「結論」を書けば、あとの組み立ては簡単です**。「これを提案する（主張する）」と**最初に結論**を言えば、「なぜなら〜だからだ」と**次に理由**を書かざるをえません。また**次は、その理由を裏付けるデータや具体例**を書くしかありません。「だからこれを提案（主張）するのだ」と**あとは〝まとめ〟**を書くだけです。

　提案や企画だけでなく報告書などでも同じです。まず結論を書いて、なぜそうなのかを書いていきます。結論から始めれば悩むことなく、なかば自動的に「その先」の展開が見えてくる。だから結論から書き始めたビジネス文書は、すばやく仕上げることができるのです。

　また結論から始めれば「いいたいこと＝主題」から文脈がそれることはありません。書き始めた文章が、途中から主題と関係のないことにそれる〝迷子〟文章をよく見かけますが、それも防ぐことができます。

〝文章の展開が苦手〟なあなたへ

「小見出し」でスピードアップ

最初に結論を書けば、「その先」の展開が見えてくる。前項ではそう書きました。その展開要素を「小見出し」という形でメモしておけば書くときに迷いません。

遅文の凡人
だらだらと思いつくままに書いている。

速文の達人
「小見出し」を立て「段落化」して書いている。

例えば、商品のキャンペーンイベントにタレントを起用するアイデア。

これを企画書にする場合も、まず結論から始めます。

そうすると**「タレント起用の提案」↓「その理由」↓「どのような役目を果たしてもらうか」↓「まとめ」**と進みます。その流れを**「小見出し」の形にしてワープロソフトで最初に書いておく**のです。

このキャンペーンイベントのアイデアならば「タレント、××起用のご提案」「××起用の狙い」「××によるキャンペーン活動の具体例」「まとめに」といった「小見出し」になります。

ワープロソフトを使えば、それぞれの「小見出し」のあとに本文を挿入できますので、あとは「小見出し」にふさわしい材料を書き込んでいけばよいだけです。例えば「××起用の狙い」という見出しのあとには「××は新製品のターゲットである30代女性の好感度も高く……」などの本文が入ります。

この手法で書けば、読みやすい文章には欠かせない「段落」分けも自動的にできますので、それぞれの段落で何をいいたいのかもわかりやすくなります。

〝商品説明が苦手な〟あなたへ

箇条書きを使うときの基本法則

なんでも文にしないといけないわけではありません。
速く書けてわかりやすい〝箇条書き〟はビジネス文書の強い味方です。

遅文の凡人

何を「箇条書き」にしたらよいのか、わかっていない。

速文の達人

常に文章を「箇条書き」にできないか、考えている。

掃除機の説明書を例にあげます。

「この新しい掃除機の特徴は、軽くて持ち運びしやすいだけでなく軽量化しても吸引力が変わらないことです。またひとまわり以上小さくなったのにゴミパックの容量はむしろ増えているのも特徴です」

こうして文章にするより「箇条書き」にしたほうが断然わかりやすくなります。

＊新しい掃除機の特徴

・軽くて持ち運びしやすい

・軽量化しても吸引力が変わらない

・小型化されたのにゴミパックの容量は増加

この例のように、いくつかの具体的な内容や商品の特徴など**「並列」で表現できるものは「箇条書き」**が適しています。

箇条書きなら、書き手も文字数が大幅に省略でき、しかも文章のつなぎなどを考える必要がありません。

作業の手順を説明するときも長々と文章で書かれるより、頭に①、②、③……と番号をつけるほうが読む側は理解しやすくなります。

「問題点」や「課題」なども箇条書きで表現しましょう。箇条書きにすることで論点がはっきりし、だらだらと書いていたときにはわからなかった重複する部分や不足する部分なども浮かび上がります。実際に「箇条書きの基本」を以下に箇条書きしてみましょう。

・項目数は最大で7つ程度にする
・ひとつの文で記述する
・手順や順序が明らかな場合には数字をつける
・本文から1〜2文字程度字下げする

ビジネス文書と相性抜群なのが「箇条書き」。コツを覚えれば大幅に書く時間が短縮できるので、常に「この長い文章、箇条書きにできないだろうか」と考える習慣をつけましょう。

第3章

穴埋めで速い！
伝わる「定番」フレーム

前章では、文章の組み立ての基本について紹介しました。「それだけではすぐに書けない！」という方はこれから紹介するフレームを使って書くことに慣れてください。穴埋め式に書くべきことを入れていけばビジネス文書の基本形ができあがります。

〝あいさつ文〟の定番フレーム

「あいさつ文」で考えることはふたつだけ

あいさつ文はお世話になっている方々に自分の近況を伝えるために書くものです。転勤や転職・退職した際、お世話になった得意先やお客様に対してお礼する個人的な人事に関するあいさつ文が代表的なものです。また、開業・社名変更・社屋の新築落成など会社として出すあいさつ文もあります。

電子メールなどで手軽にあいさつの言葉も送ることができるようになりました。しかし、あらたまったあいさつには手紙やはがきを送るほうが相手の心により強い印象を与えることができます。

あいさつ文には必ず**文頭に〝季節のあいさつ〟**を入れますが、ここで迷うのは時間の無駄。ほとんどの**ワープロソフトに〝あいさつ文〟があらかじめ用意されていますのでそれを利用**します。

①時候のあいさつ文

拝啓　新春の候、貴社ますますご盛栄のこととお慶び申し上げます。

②何についてのお知らせなのかを書く

私事ですがこの度、□いたしました。

③これまでのお礼を述べる

××様には□、心より感謝申し上げます。

④今後の決意と変わらない交流をお願いする

今後ますます精進してまいりますので、より一層のご指導のほどよろしくお願いいたします。

敬具（以下、省略）

転勤のあいさつ文

① 時候のあいさつ文

拝啓　新春の候、貴社ますますご盛栄のこととお慶び申し上げます。（注１）

② 何についてのお知らせなのかを書く

私事ですがこの度、東京本社営業部第３課勤務を拝命し、４月１日より着任することになりました。

③ これまでのお礼を述べる

横浜営業所在勤中、×× 様には公私にわたり多大なご温情を賜り心より感謝申し上げます。とりわけ ×× カントリークラブでのゴルフではさまざまなアドバイスを頂き、ありがとうございました。（注２）

④ 今後の決意と変わらない交流をお願いする

今後ますます精進してまいりますので、より一層のご指導のほどよろしくお願いいたします。

敬具

ポイント

（注１）お決まりのあいさつ文はワープロソフトの「あいさつ文」からクリック一発で！

（注２）個人的なエピソードを少し入れるだけで、相手の印象に残る文章に！

会社組織変更のあいさつ文

① 時候のあいさつ文

拝啓　新緑の候、貴社ますますご盛栄のこととお喜び申し上げます。

② 何についてのお知らせなのかを書く

さて、このたび弊社では、下記のとおり組織の一部を改正いたしました。

③ これまでのお礼を述べる

御社には旧□□□部が大変お世話になりました。感謝申し上げます。

④ 今後の決意と変わらない交流をお願いする

これを機に、社員一同社業の発展にますます精進してまいりますので、何卒、今後とも格別のご支援を賜りますようよろしくお願い申し上げます。

まずは、略儀ながら書中をもってごあいさつ申し上げます。(注１)

敬具

・組織の変更（注２）

新組織	旧組織
○○○部	□□□部

ポイント

(注１)「略儀」であることを断る。

(注２) 組織や人事の具体的な変更点は、別記にしておくと使い回せる！

〝謝罪文〟の定番フレーム

「謝罪文」のポイントは「すみやかさ」と「率直さ」

取引先や顧客に対して、お詫びの気持ちを表す書状が「謝罪文」です。

例えば取引先や顧客に売った商品・サービスに不備、不具合があった場合や、手続き上のミスで迷惑をかけた場合に書きます。

このようなときは、できるだけすみやかに電話かメールで謝罪し、あらためて書面でお詫びの気持ちを述べるのが良いでしょう。

謝罪文の基本は「すみやかさ」と「率直に詫びること」です。

前文を省き「とり急ぎ申し上げます」と始め、体裁を整える余裕もなく手紙を書いているという謝罪の姿勢を伝えましょう。また、あれこれといいわけを並べ立てるより、理由の説明はほどほどにして、自分の非を「率直」に認めた文章のほうが好感をもってもらえます。

①何についての謝罪なのかを書く

この度は［　　　　　　　　］申し訳ございませんでした。

②相手の気持ちを想像してみる

××様にしてみれば［　　　　　　　　］という思いでございましょう。

③ミスが起きた原因・経緯について書く（過去）

早速、調査いたしましたところ、今回の問題は［　　　　　　　　］が原因と判明いたしました。

④現在、行っている対応策について書く（現在）

現在、［　　　　　　　　］を行っており、二度とこのようなミスがないようにしております。

⑤謝罪の言葉&変わらない愛顧を訴える（未来）

重ね重ね、この度は、誠に申し訳ございませんでした。今後とも変わらぬご愛顧を賜りますようお願い申し上げます。

発送ミスの謝罪文

拝啓　新春の候、貴社ますますご盛栄のこととお慶び申し上げます。

① 何についての謝罪なのかを書く

この度は、弊社より送付いたしました新商品、「×××」に瑕疵があり、大変、ご迷惑をおかけいたしました。

② 相手の気持ちを想像してみる

××様にしてみれば、当社への信頼を裏切られたという思いでございましょう。

③ ミスが起きた原因・経緯について書く

早速、調査いたしましたところ、商品の仕上げ段階での機械の不具合、並びに出荷時のチェック体制の不備が原因と判明いたしました。

④ 現在、行っている対応策について書く

現在、機械の整備並びにチェック体制の強化を行っており、二度とこのようなミスがないようにしております。なお、新しい商品をすでに送付させていただきました。よろしくお願いいたします。（注１）

⑤ 謝罪の言葉&変わらない愛顧を訴える

重ね重ね、この度は、誠に申し訳ございませんでした。今後とも変わらぬご愛顧を賜りますようお願い申し上げます。

敬具

ポイント

（注１）自社の取り組みだけでなく、相手へどんな対応をするかを忘れずに！

出荷遅延の謝罪文

急啓（注１）平素は格別のご愛顧を賜り、お礼申し上げます。

① 何についての謝罪なのかを書く

さてご注文をいただいております○○ですが、出荷が○日ばかり遅れる見込みとなっております。

② 相手の気持ちを想像してみる

××様にしてみれば焦慮の念をお感じのことと忖度いたします。誠に申し訳ございません。

③ ミスが起きた原因・経緯について書く

この度の遅延は、○○の災害により原材料が入手困難となったことが原因と判明しております。

④ 現在、行っている対応策について書く

現在、××より原材料の入手に努めておりますので、今しばらくのご猶予をいただきたく、伏してお願い申し上げます。なお入手状況につきましては逐次、ご連絡させていただきます。

⑤ 謝罪の言葉＆変わらない愛顧を訴える

重ね重ね、この度は、誠に申し訳ございませんでした。ご迷惑をおかけいたしましたが何卒、今後とも変わらぬご愛顧を賜りますようお願い申し上げます。

草々

ポイント

(注１)「急啓」は緊急の連絡に用いる表現。「急ぎ啓する」、つまり「とり急ぎ申し上げる」の意。「敬具」ではなく「草々」で結ぶ。

〝依頼文〟の定番フレーム

「依頼文」は簡潔に要件を伝えろ

手紙やはがきに何かお願いごとを書いたものが依頼文です。

社内報や小冊子への原稿執筆を誰かにお願いするときや、何かのイベントで講演を依頼したいときに書きます。

直接会ってお願いする形が理想ですが、相手が多忙であったり、アポイントを取りにくかったりする場合は手紙という形をとるのが一般的です。

手紙は電話よりは丁寧ですが、やはり略式となりますので、「略儀ながら」といった言葉を用いて依頼します。

また先方にカタログやサンプル、資料の請求や明細書の発行をお願いする場合もあります。そうした場合の依頼は、相手の通常業務の一部なので丁寧に書く必要はありません。**簡潔な文章で短く要件を伝える**と速く書き終わります。

①依頼したいことの背景を書く

今回、弊社では［　　　］いたします。

②何を頼みたいのかを書く

そこで××様に［　　　］いただけないものか、ご相談させていただきたく、お手紙を差し上げました。

③期日・謝礼など条件について書く

謝礼につきましては［　　　］と考えております。

④検討と返事を促して結ぶ

お忙しいところ恐縮ですが、ご検討のほどよろしくお願いいたします。［　　　］までに返信願えれば幸いです。

原稿執筆の依頼文

拝啓　新春の候、ますますご盛栄のこととお慶び申し上げます。

① **依頼したいことの背景を書く**

今回、弊社では創業50周年を迎えるにあたり、記念の小冊子を刊行いたすことになりました。

② **何を頼みたいのかを書く**

そこで突然のお願いで恐縮ではありますが、〇〇業界の評論でご活躍の××先生にご寄稿いただけないものか、ご相談させていただきたく、お手紙を差し上げました。

③ **期日・謝礼など条件について書く**

テーマ、原稿枚数、締切日などは別紙の通りです。(注1)

④ **検討と返事を促して結ぶ**

お忙しいところ恐縮ですが、ご検討のほどよろしくお願いいたします。

今月中に返信願えれば幸いです。

敬具

ポイント

(注1) 原稿枚数や原稿用紙一枚あたりの原稿料は「テーマ」や「締切日」、「執筆に当たってのお願い」などとともに別紙にまとめたほうがスマート！

サンプル送付の依頼文

○○株式会社
営業部　○○○様

拝啓　貴社いよいよご繁栄のこととお喜び申しあげます。

先日資料をご送付願いました「□□□」、
見本として5セットを至急お送りいただけますでしょうか。
現在、導入を前向きに検討しており、
見本を拝見した上、可否を決定いたしたく思います。
まずは取り急ぎ、見本注文まで。
==============================
株式会社××　総務部　○○　○○
電話　＊＊＊（　内線　xxx）
FAX　＊＊＊
携帯電話　＊＊＊＊＊＊＊
メールアドレス　＊＊＊＊＊＊＊
==============================

ポイント

カタログや資料請求は相手の業務の一部なので簡潔な文をメールで送る。

〝断り状〟の定番フレーム

「断り状」は感謝して、断り、謝れ

依頼状とは反対に、先方の依頼を断るのが「断り状」です。

断る場合も、返事を先に延ばし、期待を持たせた挙句に断ってしまうと相手の落胆も大きくなるので、できるだけ**早期に断るのが基本的なルール**です。

断り文の冒頭にはまず連絡をもらったことへの感謝の言葉を述べます。

次に何を断るのか、明確にしたうえで断る理由をしっかりと説明します。ただし**断る理由には配慮も必要**です。あまりに正直に伝えたのでは角が立つ場合などは、相手を傷つけない当たりさわりのない理由を書きます。

また、いまは要求に応じられないかもしれないが、近い将来や状況の変化により、応じられることがある場合は、あくまでも**一時的な拒否行動**だということを伝えましょう。最後に不本意であることをしっかり伝えて締めくくります。

①連絡をもらったことにお礼を述べる

この度は［　　］ありがとうございます。

②何について断るのかを書く

さてご依頼の［　　］の件ですが、

③断る理由について書く

［　　］のため、ご依頼に応えることが難しい現状です。

④要望に応えられなかったことを謝る

ご希望に添えず、誠に申し訳ありませんが、ご理解いただければ幸いに存じます。

新規取引の依頼に対する断り状

拝啓　新春の候、貴社ますますご盛栄のこととお慶び申し上げます。

① **連絡をもらったことにお礼を述べる**

この度は新規取引のお申し出をいただき、誠にありがとうございます。

(注１)

② **何について断るのかを書く**

③ **断る理由について書く** (注２)

さてご依頼の新規お取引の件ですが、ただいま弊社は現状を維持するだけで手いっぱいの状態のため、ご依頼に応えることが難しい現状です。(注３)

④ **要望に応えられなかったことを謝る**

ご希望に添えず誠に申し訳ありませんが、ご理解いただければ幸いに存じます。

敬具

ポイント

(注１) 断るにしても申し込みしてもらった事実に丁寧にお礼を述べる。

(注２) ②と③はひとつにまとめてOK。

(注３)「相手の信用度が低い」などの理由であってもこちらの事情にする。

支払い条件変更の依頼に対する断り状

拝復　新春の候、貴社ますますご隆昌のこととお慶び申し上げます。

① **連絡をもらったことにお礼を述べる**

ご連絡ありがとうございます。

② **何について断るのかを書く**

打診いただきましたお支払い条件の変更の件、誠に申し訳ございませんが、当面は現状のまま現金決済でお願いいたしたく存じます。

③ **断る理由について書く**

弊社としては、慎重に検討させていただきましたが、弊社の内規上、ご要望にお応えすることができません。(注1)

④ **要望に応えられなかったことを謝る**

ご希望に添えず大変申し訳ありませんが、この度は、何卒ご理解いただきますようお願い申し上げます。甚だ略儀ではありますが、書面にてお詫びとご打診の返事まで 。

敬具

ポイント

(注1)「会社の内規」や「上司の決裁がおりない」ことを理由にするのが無難。

〝督促状〟の定番フレーム

「督促状」は困っている感を演出しろ

督促状とは支払いや提出を催促するために出す書状のことです。

取引で商品やサービスの代金請求が後払いの場合や、掛け売りなどで締日の後で請求をする場合があります。

この請求に対する支払いが決まった期限までに行われないときや、催促してもまだ商品が届かないとき、代金が支払われないときに出します。

督促状では、こちらが**困っている様子をリアルに伝えて相手に対しプレッシャーを与える**ようにします。

ただし行き違いの可能性も考えられますので、**一方的な頭ごなしの催促・督促は避けましょう**。トラブルの原因が相手にあったとしても一方的に決めつけた文章を書いてしまうと相手も感情的になり、かえって問題が複雑になってしまいます。

①何が届いていないのか「事実を確認」する

拝啓　いつも格別のご高配を賜り、厚く御礼申し上げます。
お願いしました［　　　　］についての確認ですが、手元に届いていないようです。

②急いでもらいたい「理由」を書く

弊社では［　　　　］を早急に検討しております。

③「理由」を受けて早めの行動を促す

つきましては、ご多忙中のところ申し訳ございませんが、至急、お送りくださいますよう、改めてお願いします。

④「行き違い」があった場合の断りでまとめる

なお、行き違いでご送付いただいている場合は、あしからずご容赦ください。

敬具

サンプル商品発送の督促状

拝啓　いつも格別のご高配を賜り、厚く御礼申し上げます。

① **何が届いていないのか「事実を確認」する**

さて、お願いいたしました ××× のサンプル商品の発送についての確認ですが、未だ弊社に届いていないようです。（注１）

② **急いでもらいたい「理由」を書く**

弊社では、ただいま ××× を軸とした全国での営業展開を早急に検討しております。

③ **「理由」を受けて早めの行動を促す**

つきましては、ご多忙中のところ申し訳ございませんが、至急、お送りくださいますよう、改めてお願いします。（注２）

④ **「行き違い」があった場合の断りでまとめる**

なお行き違いでご送付いただいている場合はあしからずご容赦ください。

敬具

ポイント

（注１）「～届いていません」のような断定は避ける。

（注２）相手が「忘れている」のではなく「忙しいのだろうな」と想像してあげる。

売掛金支払いの督促状

売掛金お支払いのお願い

前略、毎々お引き立てをいただき御礼申し上げます。（注１）

① **何が届いていないのか「事実を確認」する**

さて、〇月〇日付でご請求いたしました売掛金のお支払いにつきまして、本日に至るまで入金されておりません。

② **急いでもらいたい「理由」を書く**

貴社との契約では売掛金は、請求月の翌月末日毎にお支払いいただくことになっております。

③ **「理由」を受けて早めの行動を促す**

弊社といたしましては経理の都合もありますので、至急ご調査のうえご送金いただきますようお願い申し上げます。

④ **「行き違い」があった場合の断りでまとめる**

なおご送金が本状と行き違いになりましたらお許しください。

まずは取り急ぎご連絡かたがたお願い申し上げます 。

草々

ポイント

（注１）相手に明らかな非がある場合、丁寧な時候の挨拶は必要ない。

「招待状」の命は背景と動機

イベントやパーティー、会合などの各種行事の開催を案内し、招待する文書が「招待状」です。その目的はより多くの人に来てもらうこと。ですから**読んだ人が足を運びたくなる工夫が必要**です。「〇周年の特別なイベント」といった背景や「画期的な商品ができたので是非見てほしい」といった動機を明確に書きましょう。

また相手に負担をかけないで気持ちよく出席してもらえるよう、**①内容、②日時、③場所を正確に伝える**ことがポイントです。

日時については開始時間だけでなく、終了時間も書いておくと先方としてはスケジュールが立てやすくなります。場所については会場の住所だけでなく、地図や交通案内なども添えるとよいでしょう。

発送は相手の都合を考え、開催日までに十分な余裕をもたせます。

①招待状を送る「背景」を書く

さて、このたび弊社では［　　　］いたすことになりました。

②招待状を送る「動機」について書く

この［　　　］は［　　　］で、自信をもってお客様におすすめできるものです。

③来場を促す

つきましては、一般発表会に先立ち、お得意様方に是非ともご高覧いただきたく、下記のとおり発表会を開催いたすこととなりました。ご多忙中のところ恐縮ですが、是非ご来場くださいますようご案内申し上げます。

④日時・場所を書く

新製品発表会の招待状

拝啓　新春の候、貴社ますますご盛栄のこととお慶び申し上げます。

① **招待状を送る「背景」を書く**

さて、このたび弊社では ××× を開発、販売いたします。

② **招待状を送る「動機」について書く**

この ××× はご好評いただいた従来の弊社製品の ×× 性を５割向上させたもので自信をもっておすすめいたします。（注１）

③ **来場を促す**

つきましては、一般発表に先立ち、お得意様方に是非ともご高覧いただきたく、下記のとおり発表会を開催いたすこととなりました。

ご多忙中のところ恐縮ですが、是非ご来場くださいますようご案内申し上げます。

敬具

＊日時　平成○年　○月○日（月）

＊会場　＊＊＊＊＊＊＊＊＊＊＊＊＊

＊時間　午前 10 時〜午後６時

※お越しいただいた方には ××× の携帯ストラップを差し上げます！（注２）

ポイント

（注１）招待状といえどもセールスツールのひとつ、製品のＰＲも忘れずに！

（注２）そのほか、来場を促すポイントがあれば、どんどんアピールしよう！

新社屋完成披露パーティーの招待状

謹啓、陽春の候、貴社ますますご清栄の段心よりお慶び申し上げます。(注1)

① **招待状を送る「背景」を書く**

さて、かねてより建設中でありました新社屋が、落成の運びと相成りました。

② **招待状を送る「動機」について書く**

つきましては、新社屋のご披露とこれまでの感謝の意を申し上げたく、ささやかではありますが小社にて小宴を催させていただきたく存じます。

③ **来場を促す**

平素より格別のお引き立てを賜っている方々に是非ともご臨席いただければ光栄に思います。

略儀ながら、書中をもって新社屋落成のご挨拶かたがた祝宴のご案内を申し上げます 。

敬白

記

日　時　：　○月○日（金）　午後6時～午後8時
場　所　：　○○県○○市○○○ 1-1
株式会社○○新社屋 12F 大会議室にて

ポイント

(注1)「謹啓」は「拝啓」より一段あらたまって，より丁寧な印象を与える頭語。
結語には「敬具」ではなく、「謹白」「敬白」「頓首」などがふさわしい。

〝上司へのお礼メール〟の定番フレーム

社内向けの「お礼メール」はすばやさが命

お礼のメールは、相手の好意や便宜を図ってもらったことに対して感謝の気持ちを伝えるためのものです。

上司からちょっとしたアドバイスをもらった、自分のためにわざわざ時間をとってもらった、ランチをご馳走になった、など些細に思えることでもメールであれば気軽に感謝の気持ちを伝えることができます。

感謝の気持ちを伝えるだけでなく、相手の好意でどんな成果があったかを述べるとより印象に残ります。次ページのようなフレームをベースにして、まめに書いて送りましょう。

メールで**感謝の気持ちを告げる場合は、早ければ早いほど効果的**です。これは社内の人でも社外の人でも同じです。当日中か、遅くとも翌日にはメールを送信するようにしましょう。

①名乗る

お疲れ様です。［　　　］部の［　　　］です。

②何についてのお礼か述べる

先日の［　　　］の際には、さまざまなお心遣いをいただき、
誠にありがとうございました。

③成果を述べる

おかげさまで、［　　　］ができました。

④感謝する

ご多忙中にもかかわらず、［　　　］ことを心より感謝しております。
とり急ぎお礼を申し上げたくメールいたしました。

⑤今後の指導をお願いする

今後ともよろしくご指導のほど、お願いいたします。

出張時のお礼メール

件名：先日はお世話になりました

×× 営業所　営業課長 ○○　○○様

① **名乗る**

お仕事お疲れ様です。営業部の○○です。

② **何についてのお礼か述べる**

先日の出張の際には、さまざまなお心遣いをいただき、

誠にありがとうございました。

③ **成果を述べる**

おかげさまで商談をすすめることができました。

④ **感謝する**

ご多忙中にもかかわらずご指導いただき深くお礼申し上げます。

とり急ぎお礼を申し上げたくメールいたしました。（注１）

⑤ **今後の指導をお願いする**

今回いただいたアドバイスを生かし、

しっかりと精進していきたいと存じます。

今後ともよろしくご指導のほどお願い申し上げます。

ポイント

（注１）感謝のあまり、メールせずにはいられなかったというキラーワード。

夕食をご馳走になったお礼メール

件名：昨日はご馳走になりありがとうございました（注1）
×× 営業所　営業課長 ○○　○○様
① **名乗る**
お疲れ様です。営業部の山田です。
② **何についてのお礼か述べる**
昨日は、ご馳走になりましてありがとうございました。
また、課長からたくさんの話をうかがうことができ、とても勉強になりました。
③ **感謝する**
正直なところ、A 社の案件が苦戦しており、課長にご相談したいと思ってはいましたが、なかなか言い出せずにおりました。

そんなときに課長と食事をご一緒する機会が持てたのは、大変ありがたいことでした。
④ **成果を述べる**
おかげさまで、A 社へのアプローチの道筋が見えてきました。
⑤ **今後の指導をお願いする**
相談に乗っていただいた上にご馳走になり、恐縮しています。
これからは、仕事でしっかり返していけるよう、頑張りたいと思います。
今後ともよろしくお願いいたします。
取り急ぎ、メールにてお礼申し上げます。（注2）

ポイント

（注１）ご馳走になったら、その日のうちか翌日にはお礼のメールを送信しておく。
（注２）あくまでも「取り急ぎ」のお礼。会ったら、あらためてお礼を直接いう。

〝取引先へのお礼メール〟の定番フレーム

社外への「お礼メール」は〝簡潔さ〟が肝

取引先や顧客など社外の人にお礼のメールを送るときは丁寧な言葉遣いを心がけます。とはいえメールに長々と書く必要はありません。**一文で簡単に感謝の気持ちを伝えましょう。**

また訪問時にいえなかったことを伝えるときもお礼に続けて書けば、伝えるべき情報をフォローすることができます。

最後はメールでお礼を述べたことを詫びます。手紙やはがきに比べ、礼を失することを承知のうえで、とにかく早く感謝を伝えたかったという誠意を見せます。

ただし、お祝いやお見舞い、贈答品に対するお礼などはメールではなくはがきや手紙で出します。その場合は「拝啓」といった頭語や、時候のあいさつ、「ますます御健勝のこととお慶び申し上げます」といった安否のあいさつを忘れずに書きましょう。

①名乗る

いつもお世話になっております。株式会社□の□です。

②何に対するお礼か述べる

本日はお忙しい中、□いただき、誠にありがとうございました。

③今後の取り組みについて述べる

今後、□様のお役に立てるよう全力で取り組みます。

④メールでのお礼を詫びて締める

メールにて恐縮ですが、取り急ぎ、御礼かたがたご報告まで。
どうぞ、今後ともよろしくお願い申し上げます。

面会後のお礼メール

件名：きょうはありがとうございました

株式会社 ××　総務課長 ○○　○○様

① **名乗る**

いつもお世話になっております。 株式会社 ×× の○○です。

② **何に対するお礼か述べる**

本日はお忙しい中、お付き合いいただき、誠にありがとうございました。

③ **今後の取り組みについて述べる**

今後、○○様のお役に立てるよう全力で取り組みます。

④ **メールでのお礼を詫びて締める**

メールにて恐縮ですが、取り急ぎ、御礼かたがたご報告まで。

どうぞ、今後ともよろしくお願い申し上げます。

ポイント

大事な取引先への営業メールは必ずその日のうちに！

資料送付のお礼メール

件名：「××××」打ち合わせのお礼
○○株式会社　営業部
○○　○○様
① **名乗る**
いつも大変お世話になっております。
株式会社××営業部の○○　○○です。
② **何に対するお礼か述べる**
先般お願いいたしました貴社の資料、拝受いたしました。
早速のお手配に、感謝申し上げます。
③ **今後の取り組みについて述べる**
改めて、発注の際に利用させていただきます。
その際には、どうぞよろしくお願い申し上げます。
④ **メールでのお礼を詫びて締める**
近々、拝顔にてご挨拶いたしますが、(注1)
取り急ぎ、御礼かたがたご報告まで。
どうぞ、今後ともよろしくお願い申し上げます。

ポイント

(注1)「伺ってお礼する」は「拝顔にてご挨拶」などと表現するとよい。

″上司へのお詫びメール″の定番フレーム

社内向け「お詫びメール」は誠意が決め手

メールより、直接会って謝罪するほうが誠意は伝わります。とくに社内の人に謝罪するときは直接伝えるようにします。互いの都合が悪く会えない場合は電話してみましょう。電話もできないといった状況の場合にメールで謝罪します。

メールで謝罪をするときは、まずどのようなミスや手違いが起こったか、事実を告げて謝罪の意を示します。その次に原因とその後の対応を丁寧に報告します。また二度とミスを起こさないという意思を伝えることも大事です。**誠意を感じてもらえる**メールを心がけましょう。

①何についてのお詫びか述べる

このたび、［　　　］してしまいました。

②迷惑をかけたことを詫びる

わたしの不注意から、［　　　］ならびに関係各位に対し、
多大なるご迷惑をおかけしましたこと、誠に申し訳ございません。

③後悔の念を述べる

日頃より、［　　　］についてご指導いただきながら、
このような事態を起こしましたことが大変悔やまれ、深く反省しております。

④ミスを繰り返さないよう誓って締める

このような失態を繰り返さないように、以後十分に注意して業務に励みます。
誠に申し訳ありませんでした。

資料の紛失についてのお詫びメール

件名：資料の紛失についてのお詫び
総務部　×× 部長

お疲れ様です。
○○　○○です。
① 何についてのお詫びか述べる
取り急ぎ、ご報告があります。
このたび、新企画の資料を、取引先への移動中に紛失してしまいました。
② 迷惑をかけたことを詫びる
私の不注意から、部長ならびに関係各位に対し、多大なるご迷惑をおかけしましたこと、誠に申し訳ございません。
③ 後悔の念を述べる
日頃より、文書等の保管について細心の注意を払うようご指導いただきながら、このような事態を起こしましたことが大変悔やまれ、深く反省しております。
④ ミスを繰り返さないよう誓って締める
二度とこのような失態を繰り返さないように、以後十分に注意して業務に励みます。
改めてお詫びに伺います。誠に申し訳ございませんでした。

ポイント
（注１）重大なミスの場合は、あらためて「顛末書」や「始末書」の提出も必要となる。

遅刻についてのお詫びメール

件名：○○カンパニー打ち合わせ遅刻についてのお詫び
×× 部長

お疲れ様です。山田　太郎です。
① **何についてのお詫びか述べる**
取り急ぎ、ご報告があります。
本日、10 時からの○○カンパニーとの打ち合わせですが、地下鉄の車両故障で電車がしばらく止まり、結局約束の時間から 10 分遅れました。
② **迷惑をかけたことを詫びる**
○○カンパニー△△様、並びに紹介いただいた ×× 部長にご迷惑をおかけして大変申し訳ありませんでした。
③ **後悔の念を述べる**
大事な打ち合わせでしたので、もう少し早く会社を出れば遅刻することはなかったと反省しています。
④ **ミスを繰り返さないよう誓って締める**
○○カンパニー△△様には、打ち合わせの前後にお詫びし、お許しはいただきましたが、今後このような不始末がないよう、早め早めに行動するよう心がけます。（注 1）
誠に申し訳ございませんでした。

ポイント

（注 1）先方に許していただいても、上司には念のため報告しておく。

〝取引先へのお詫びメール〟の定番フレーム

社外への「お詫びメール」では弁解するな

取引先や顧客に対して謝罪すべきミスをしてしまった場合、原則としてメールではなく直接出向いてお詫びします。

取り急ぎの場合もまず電話を優先します。メールは社内の場合と同じく最後の手段と考えてください。あくまで取り急ぎのメールですから、あらためてお詫びに伺う、あるいは詳しい事情を書いた書面を差し上げる旨を書いておけば誠意が伝わります。

弁解やいい訳をメールに書くのは逆効果です。どうしても伝えたい事情があるならば手紙や口頭で述べます。

クレームを受けた得意先に延々といい訳を書いた挙句、最後に土下座の絵文字を付けたメールを送った若いビジネスマンの話を聞きました。まさに火に油。彼がその後どうなったかは知りません。

①冒頭のあいさつ

いつもお世話になりありがとうございます。
株式会社山田商事、営業部の山田太郎です。

②何についてのお詫びか述べる

このたび［　　　　］したことを、心よりお詫び申し上げます。
ご迷惑をおかけして、本当に申し訳ございませんでした。

③今後の対応について述べる

今回の件につきましては今後、［　　　　］していく所存です。

④ミスを繰り返さないよう誓う

今後は二度とこのような不手際がないよう、社員一同気を引き締めて確認を
周知徹底いたします。
どうか変わらぬお引き立てのほど、よろしくお願い申し上げます。
メールにて恐縮ではございますが取り急ぎ、ご報告とお詫びを申し上げます。

不良品納入についてのお詫びメール

件名：大変申し訳ございませんでした
株式会社 ×× 工場長 ○○ ○○様

いつもお世話になっております。 株式会社 ×× の○○です。
① **何についてのお詫びか述べる**
このたび弊社製品「＊＊＊」に部品の欠損がありましたことを
心よりお詫び申し上げます。
ご迷惑をおかけして、本当に申し訳ございませんでした。
② **今後の対応について述べる**
至急、欠けていた部品をお届けに参ります。（注１）
③ **ミスを繰り返さないよう誓う**
今回の件につきましてはすぐに原因を究明していく所存です。
今後は二度とこのような不手際がないよう、
社員一同気を引き締めて確認を周知徹底いたします。
どうか変わらぬお引き立てのほど、よろしくお願いいたします。
メールにて恐縮ではございますが取り急ぎ、ご報告とお詫びを
申し上げます。

ポイント
（注１）こちらのミスであれば「後日」ではなく「至急」お届けする。

誤発送についてのお詫びメール

件名：商品ちがいのお詫び
○○○株式会社　商品仕入部　××× 様

いつもご利用いただき、ありがとうございます。
株式会社△△△△商事、営業部の山田太郎です。
① 何についてのお詫びか述べる
このたび、お届けした商品に間違いがありましたことを、
心よりお詫び申し上げます。
ご迷惑をおかけして、本当に申し訳ございませんでした。
② 今後の対応について述べる
原因について、社内調査をいたしましたところ、
係の入力ミスであることが判明いたしました。
ご注文の商品「＊＊＊＊」は夕方6時までに貴社にお届けに伺います。（注1）
③ ミスを繰り返さないよう誓う
今後は二度とこのような不手際がないよう、
社員一同気を引き締めて、確認を周知徹底いたします。
どうか、変わらぬお引き立てのほど、よろしくお願い申し上げます。
メールにて恐縮ですが、取り急ぎ、ご報告とお詫びを申し上げます。

ポイント

（注1）何時までに届けるのか、明確にしておくと先方も予定が立てやすい。

〝上司への確認メール〟の定番フレーム

「確認メール」は箇条書きを駆使せよ

上司や取引先が口頭でいったことに対して、勝手な解釈をしてしまい、そこから間違った情報が広がっていくことがあります。指示を受けたあとに、もしかしたら自分の解釈が間違っているのではないか、聞き間違いをしていないかどうか、といった**不安感を覚えたら、必ず相手に確認**するようにしましょう。

電話では聞きにくいこともメールなら手軽に確認できます。

確認メールを送る時間を惜しんでことを進めた結果、結局やり直しということになれば大きな時間の無駄となります。

次ページのフレームのように確認メールでは「何についての確認か」を述べたあと、確認事項を**箇条書きであげ**、スムーズに仕事を進めていきましょう。

①何について確認か述べる

□について、以下の2点を確認させてください。

②確認事項を箇条書きする

＊□について

・□ですか。

・□ですか。

＊□について

・□ですか。

・□ですか。

③返事を促す

○月○日（×）中にお返事をいただけると大変助かります。

次回会議についての確認メール

件名：次回営業部会についての確認
営業部第２課　×× 課長

お疲れ様です。
○○　○○です。
① **何についての確認か述べる**
本日、×× 社から来社を促され会議を中座させていただいたため次回の営業部会について、以下の２点を確認させてください。（注１）
② **確認事項を箇条書きする**
＊用意する資料について
・本日の課内会議でまとめた資料でよいですか。
・パワーポイント用の資料を作成したほうがよいですか。
＊出席者について
・出席するのは私と ×× 課長でよいですか。
・△△が出席を希望していますが同席してもよいですか。
③ **返事を促す**
○月○日 (水) 中にお返事をいただけると大変助かります。

ポイント

（注１）なぜメールであらためて確認する必要があるのか、理由があれば述べる。

次週の打ち合わせについての確認メール

件名：来週の打ち合わせについての確認
○○株式会社　営業部第２課　×× 課長

いつもお世話になっております。
株式会社△△△△、総務部の山田太郎です。
① **何についての確認か述べる**
先ほどはお電話ありがとうございました。
打ち合わせ日時と場所について確認させてください。
② **確認事項を箇条書きする**
日程：6/7(水)　午後１時～２時
場所：弊社小会議室
ご準備いただきたいもの：見積もり資料
③ **返事を促す**
万一、聞き違いなどしておりましたらご連絡ください。(注１)
それでは当日お待ちしております。

ポイント

(注１) 電話でのやりとりは、いい間違いや聞き違いがあるため確認をする。

″歓送迎会メール″の定番フレーム

「歓送迎会メール」こそひな形の力を使え

送別会は職場などで退職、転勤、転出をする人に対し、これまでの労をねぎらい、お世話になったことを感謝し、新天地や退職後の活躍を祈り激励する会のこと。歓迎会は職場に新しく入ってきた人を組織の一員と認め、喜んで迎える式典や宴会のことです。

こうした歓送迎会の案内や出欠確認はメールで行うケースが増えていますので、**ひな形を作っておくと便利**です。

歓送迎会の**日時・場所などの内容は箇条書き**にしてわかりやすくしましょう。

歓送迎会で主役となる人にあいさつやスピーチを依頼する場合は、追伸としてひと言記載しておくか、別途伝えておくようにしましょう。

①誰の歓送迎会の案内か述べる

□が○月○日付で□へ栄転されます。

②どういう意図で歓送迎会を開くか述べる

これまでお世話になったことへの感謝と今後のご活躍を祈念して、送別会を開催します。

③出欠をとる

出欠は、メールにて□までお願いします。

④日時・場所・会費を箇条書きする

1　日時
2　場所
3　会費

栄転の送別会メール

件名：×× 課長送別会のお知らせ

営業部第２課各位

① 誰の歓送迎会の案内か述べる

３年在籍した ×× 課長が○月○日付で本社営業本部へ栄転されます。（注１）

② どういう意図で歓送迎会を開くか述べる

これまでお世話になったことへの感謝と今後のご活躍を祈念して、送別会を開催します。

③ 出欠をとる

出欠は、メールにて○○までお願いします。

④ 日時・場所・会費を箇条書きする

1　日時　平成○年○月○日（○）　○：○～

2　場所　レストラン○○

3　会費　3,500 円

○月○日中にお返事をいただけると大変助かります。

==================================

営業部　○○　○○

内線　xxx

==================================

ポイント

（注１）あきらかに「栄転」ではない場合は、「異動」「移られる」とする。

新入社員の歓迎会メール

件名：新入社員歓迎会のご案内
関係者各位

お疲れ様です。営業部の○○です。
新入社員歓迎会のご案内です。
① **誰の歓送迎会の案内か述べる**
今年は男子 10 名、女子 10 名の新入社員が入社します。
② **どういう意図で歓送迎会を開くか述べる**
彼らを歓迎し、部署を超えて親睦を深めるべく、
下記の通り、歓迎会を開きます。
③ **出欠をとる**
ぜひご出席くださいますようお願いいたします。
なお、会場準備の都合上、
出欠のお返事を○月○日（金）までにご返信ください。
よろしくお願いします。
④ **日時・場所・会費を箇条書きする**
==================================
日時　　：○月○日 (金) 19 時～ 22 時
場所　　：＊＊＊＊＊＊
　　　　　http://www.xxxxx.co.jp（注 1 ）
会費　　：4,500 円（新入社員は無料です）
==================================

ポイント
（注 1 ）店の場所や雰囲気がわかるホームページの url を添付すると親切。

第4章

あなただけのオリジナルフレームを作るテクニック

「あなただけのオリジナルフレーム」を作りましょう。一度作れば、それを「ひな形」として「コピペ」や「上書き」することで半永久的に活用できます。面倒なことはありません。フェイスブックでは「いま何している？」「いまどこにいる？」といった質問に答えるだけで文章をアップできますが、さまざまな種類のビジネス文書も、質問に答えるだけで書けるのです！

〝企画書・提案書〟が苦手なあなたへ

「企画書・提案書」は3つの要素で作れ

企画書も提案書も、あなたのアイデアを会社に認めさせ、現状をよりよく変えていくためのものです。

提案書は問題点の指摘と、その解決策を示すことがメインで、企画書はあなたの考えたアイデアをどのように実現させ、それが実現することによってどんな効果があるかを提案するものです。

基本的なフレームの要素は3つ。**「結論（表題）」**→**「問題提起（意図）」**→**「説明（内容）」**です。

企画書の場合は「説明」の部分で、どのようにして実現するかをより詳細に書き込み、企画が実現した姿を企画採用者に想像させることが重要になります。そのために、必要ならばグラフや図表、イラストなども添付してイメージしやすいものにします。

最後は「その企画・提案が実現したら現状がどう変わるか」を書いて締めます。

あなたへの質問①「その企画・提案をひと言でいうと？」（表題）

あなたへの質問②「何が問題だから、その企画・提案が必要？」（企画意図）

あなたへの質問③「どういう内容でどう実現させるの？」（企画内容）

Qいつから？　Qどこで？　Qどうやって？　Q予算はどれくらいかかる？

あなたへの質問④「これが実現したら、いまの問題はどう変わる？」

ペット同伴の販促イベントの企画書

Q　その企画・提案をひと言でいうと？

ワンちゃんと楽しめる試飲イベント企画について（注1）

1．企画意図 **Q　何が問題だから、その企画・提案が必要？**

恒例の試飲販促イベントの参加者は回を追うごとに減少傾向にあります。

そこで新たな層の開拓のためペットと参加できる販促イベントを提案します。

2．企画内容 **Q　どういう内容でどう実現させるの？**

日時：○月○日（金）　10：00～17：00

会場：××公園　ドッグラン（屋内施設）

対象：ペットと休日を楽しむファミリー全般

内容：いつもの体験型販促イベントにペット用のイベントを加味して行う。

予算：別紙参照

3．効果 **Q　これが実現したら、今の問題はどう変わる？**

ペット仲間をご紹介いただきながら、集客につなげる。

ポイント

（注1）「イベント企画書」といった中身のないものでなく、どんな企画かひと言でいえることが大事！

イベントブースの集客状況の改善に関する提案書

<u>**Q　その企画・提案をひと言でいうと？**</u>

イベントブースの集客改善に関するご提案

1．現状の課題　**Q　何が問題だから、その企画・提案が必要？**

現状ではB社のブースに比べ２割ほど集客が劣っています。

原因はブースが客の動線から外れているためです。

2．提案　**Q　どういう内容でどう実現させるの？**

その問題を解決するため必要なのが動線上に配置するイベントコンパニオンです。

※派遣会社・予算については別紙を参照下さい。（注１）

3．効果　**Q　これが実現したら、今の問題はどう変わる？**

ブースに誘うための看板を持たせることで来場者に足を向かせることができます。

すでにコンパニオンを配置したC社では約２割の集客アップに結びついています。

C社より来場者の動線に近い当社ブースではさらなる集客効果が見込まれます。

4．添付資料（注１）

①費用詳細

②イベントコンパニオン派遣会社候補

ポイント

（注１）細かい数字が並ぶようなデータについてはエクセルで作って別紙に！

〝説明書〟が苦手なあなたへ

「説明書」は「困った」を意識しろ

説明書は、あなたが扱う商品や製品のメリットを、顧客や取引先に理解してもらうためのものです。会社に作ってもらったパンフレットなどでも説明できますが、この質問に答えれば、あなたがより自分の言葉で紹介しやすい、オリジナルの説明書を簡単に作ることができます。

基本的なフレームはサービスや商品が生まれた「背景」→そのサービスや商品の「メリット」→くわしい「説明」の流れです。

興味を引くキャッチコピー風の見出しやグラフ、図表などを使いながら、顧客や取引先の「困った」をどうやって解決できるのかを、わかりやすく説明していきます。

あなたへの質問①「そのサービス・商品が生まれた背景は？（背景）」

あなたへの質問②「それはどんな問題に対応できる？（メリット）」

あなたへの質問③「それがなぜ、問題解決に役立つの？（説明）」

大容量インクの説明書

長持ちインクカートリッジ「×××」のご案内

Q　そのサービス・商品が生まれた背景は？

え！　もうインクがなくなったの？ (注1)

プリンターのインクがすぐに切れてしまい、ストレスを感じてはいませんか？

そうした声に応えて誕生したのが「×××」です。

Q　それはどんな問題に対応できる？

インクがこれまでの２倍長持ち（当社比）！

「×××」ならこれまでの２倍長持ち！

１週間でなくなっていたインクが２週間持ちます！

Q　それがなぜ、問題解決に役立つの？

長持ちの秘密は特許〝ナノジェットノズル〟！

※従来品イメージ

※新製品イメージ

ナノジェットノズルなら同じインク量でも広範囲に噴射可能。だから少しの量でより多くプリントすることが可能になりました！

ポイント

(注1) キャッチコピー風の見出しをつけると注意を引きやすい

ネットを使ったパーツ発注システムの説明書

ネットを使ったパーツ発注システムとは？

Q　そのサービス・商品が生まれた背景は？

1．**こんな問題を抱えていませんか？**

A社の工場ではそれまでファクシミリで資材の発注を行っていましたが発注が重複する案件が目立っていました。

その問題を解決したのがネットを使った発注システムです。

Q　それはどんな問題に対応できる？

2．**ネットを使ったパーツ発注システムを導入すると…**

・発注情報を全員が共有できるため、発注の重複がなくなる。

・コストカットにも役立つ。（注1）

～などの効果があがりました。

Q　それがなぜ、問題解決に役立つの？

3．**弊社のネット発注システムの特徴**

その秘密は効率的なイントラネットシステムあります。

（※以下、箇条書きでセールスポイントを紹介）

ポイント

（注1）こうした「並列」の情報は箇条書きで！

〝日報・週報〟が苦手なあなたへ

「日報・週報」は成果がポイント

「日報」は毎日の活動を上司に報告する、もっとも基本的な報告書です。販売や販促活動を報告する「営業日報」や、事務部門での業務を報告する「業務日報」、現場での作業実績を報告する「作業日報」などがあります。

毎日書くものだけに、フォーマットが決まっているケースが多いのですが、フォーマット通りに数字や事実を書いて埋めるだけでは退屈なルーティンワークになってしまいます。

そこでおすすめするのが**毎日、目標を立ててその成果を記していく**ことです。自ら掲げた目標に対して実際の仕事がどうだったのか、進捗の状況や反省のメモを残すことで、今後の業務進行に生かすことができ、あなたもビジネスパーソンとして成長していきます。

あなたへの質問①　「あなたの目標はなんだった？」

あなたへの質問②　「その目標を達成するための行動は？」

あなたへの質問③　「結果は？」

あなたへの質問④　「（できた場合）達成できた要因は？」

「（できなかった場合）なぜ達成できなかった？」

あなたへの質問⑤　「（できた場合）次の目標は何？」

「（できなかった場合）どうすれば達成できる？」

決まったフォーマットがない場合の営業日報

営業日報

Q　あなたの目標はなんだった？

1．本日の目標（注1）

・新宿にて飛び込み営業、次回の約束を2社からいただく

Q　その目標を達成するための行動は？

2．本日の活動

10：30　B社訪問　担当者V氏と面談　再訪問を約束

13：00　C社訪問　担当者X氏と面談　Y社と契約済み

15：00　E社訪問　担当者Z氏と面談　再訪問を約束

3．所感

Q　結果は？

目標通り、再訪の約束を2社からいただいた。

Q　達成できた要因は？

・当社の新サービスは訴求力がある

・それをセールスするトークが自分のものになってきた

Q 次の目標は何？

・再訪の約束を頂いた2社とも成約させる

ポイント

（注1）定形のフォーマットがない場合、最初に目標を掲げると受け手は読みやすい。

決まったフォーマットがない場合の営業週報

営業週報（5月10日から15日）

１．営業概要

Q　あなたの目標はなんだった？

・今週の売上目標…3,000,000円

Q　その目標を達成するための行動は？

・４社の担当者と商談をした

・新規顧客を紹介され初受注した。

Q　結果は？

・今週の売上合計

　売上額　3,120,000円

２．主な個別案件（注１）

1) ＊＊＊興産（新規）

新規顧客よりの初受注　＊＊＊＊　５個

今回は少量の発注であるが来月から50個/月ペースの発注をいただける予定。

Q　次の目標は何？

３．次週の予定

・来週は４社と商談の予定。来週の売上目標…3,000,000円

以　上

ポイント

（注１）個別案件は金額などの具体的なデータなども交えながら詳細に書く。

〝調査報告書〞が苦手なあなたへ

「調査報告書」は正確さと客観的な事実を示せ

上司からの依頼や会議での決定に基づいて、あるテーマの情報収集を行い分析したものが「調査報告書」です。

調査するテーマはマーケットの動向や消費者のニーズ、意識、満足度といったものから物件調査、信用調査といったものまで多岐にわたります。

テーマによって調査方法や調査対象は変わりますが、共通しているのは次にあげる質問の**「④調査結果はどうだった？」に対し、正確で客観的な事実を答えること**です。

また質問の「⑤調査結果を受けてあなたはどう考えた？」には**「所感」**という見出しをつけたうえで答えます。所感ではあなたの感想や私見ではなく、**事実に基づいた分析**が求められます。

あなたへの質問①　何のための調査なの？

あなたへの質問②　どんな相手にどういう方法で調べたの？

あなたへの質問③　いつ、どんな調査をしたの？

あなたへの質問④　調査結果はどうだった？

あなたへの質問⑤　調査結果を受けてあなたはどう考えた？

新製品の市場調査報告書

新製品「×××」の市場調査報告書

Q　何のための調査なの？

1．調査目的

今月1日発売の当社の新製品「×××」を他社競合製品と比較した認知度を調査し、今後の拡販に活かす。

Q　どんな相手にどういう方法で調べたの？

2．調査方法・調査対象

20代OL4組40名にグループインタビューを実施した。

Q　いつ、どんな調査をしたの？

3．調査項目：平成○年○月○日　～　○月○日に当社新製品「×××」と、A社「＊＊＊」B社「△△△」について、「店頭での認知度」「CMの認知度」について調査した。

Q　調査結果はどうだった？

4．調査結果

※表計算ソフトなどでまとめたデータ（注1）

Q 調査結果を受けてあなたはどう考えた？

5．所感

当社「×××」はCMのインパクトは強いものの、店頭での認知度が低い。「×××」にもCMの認知度を店頭につなげる工夫が求められる。

6．添付資料

※調査の詳細データ、参加者の声を抜粋したものを添付する。

ポイント

（注1）細かいデータは添付資料で！

「節約」に関する意識調査報告書

「節約」に関する主婦の意識調査報告書

Q　何のための調査なの？

1．調査目的

「節約」に関する意識調査を行い、医療保険料が家計の中でどういう位置づけにあるのか調べる。

Q　どんな相手にどういう方法で調べたの？

2．調査方法・調査対象

1000人にアンケートハガキを送付。

Q　いつ、どんな調査をしたの？

3．調査項目：平成○年○月○日（月）〜○月○日（金）にハガキを送付。1000人中、565名から回答を得た。

Q　調査結果はどうだった？

4．調査結果

※表計算ソフトなどでまとめたデータ

Q 調査結果を受けてあなたはどう考えた？

5．所感

生命保険料を削減したいという人は8割強に上った。

ただし医療保険は必要と感じている人が多い。（注1）

6．添付資料

※調査の詳細データ、参加者の声を抜粋したものを添付する。

ポイント

（注1）改善するにはどうするか、「所感」のところにあなたの提案を入れてもよい。

〝事故報告書〟を書くことになったあなたへ

「事故報告書」は3つのポイントで処理しろ

「事故報告書」は業務に関して起きたミスやトラブル、アクシデントについて報告するものです。火災事故、車両事故といった文字通りの事故はもちろん、債権回収トラブルや取引先の倒産といったアクシデントも事故として報告します。

事故が起きた際はスピーディーな対応が求められるため、まずは口頭で連絡して、その後、報告書として提出することになります。

「事故報告書」を書く際には事故の内容と原因、それにどう対応したのか、現状や今後の見通しなどについて、**私見を交えないで客観的に記述する**ことが求められます。

あなたへの質問①「どんな状況で事故は起きたの？」（状況）
あなたへの質問②「その結果、どんな損害がでている？」（被害）
あなたへの質問③「いま、どんな対応をしているの？」（対応）
あなたへの質問④「今後、どういう対策をとっていくの？」（対策）

製品の発送時に発生した破損事故に関する報告書

倉庫内における破損事故報告書

1．発生日時

平成○年　○月○日　午後○時○分頃

Q　どんな状況で事故は起きたの？

2．事故の発生状況

搬出商品をフォークリフトで搬送中、運転手の操作ミスにより、商品が落下し破損しました。運転手によると微熱があり薬を服用して作業を行っていたとのこと。（注１）

Q　その結果、どんな損害がでている？

3．損害

「＊＊＊＊」３ケース（1ケース12個入り）が破損。

Q　いま、どんな対応をしているの？

4．現在の対応と今後の対策

破損３ケースについては破棄しました。

運転手には十分な注意喚起の上、回復まで休ませることにしました。

Q　今後、どういう対策をとっていくの？

今後は作業員のメディカルチェックマニュアルを作り、適用していきます。

ポイント

（注１）事故が起きた状況だけでなく、わかっていれば原因も書き添える。

請求書の金額を誤った事故に関する報告書

請求書記載ミスについての報告書

1．発生日時

平成○年　○月○日　午後○時○分頃

Q　どんな状況で事故は起きたの？

2．事故内容

株式会社＊＊＊＊の＊＊課長より５月分の請求金額の確認の電話があり、調査の結果、請求金額が納品書の正しい金額より 100,000 円、高くなっていた。

Q　いま、どんな対応をしているの？

3．現在の対応と今後の対策

＊＊課長に謝罪するとともに正しい請求書をお渡しし原因の解明を約束。

Q　今後、どういう対策をとっていくの？

原因の究明を待って二度とミスが起きないよう対処していく方針である。

ポイント

人的・物的な損害や金銭的損害がない場合は、「損害」は書かなくてもよい。

″クレーム報告書″を書くことになったあなたへ

「クレーム報告書」は要因と経過を示せ

クレーム報告書は、あなたの会社で行っているサービスや販売している製品などに対して顧客や取引先から寄せられた苦情などを報告するためのものです。

あきらかにクレーマーからの不当な要求や苦情、あるいは先方の理解不足や勘違いもありますが、企業側の説明不足が原因であることも少なくありません。

いずれにしても**クレームは「二度とそうした苦情が出ないよう」工夫できる改善のためのチャンス**。それを文書として残していくことは自社の**顧客満足度を向上させるための貴重な資料**になります。

ですから次ページのフレームのようにクレームの「発生日時」「担当者」「顧客名」「状況」や「対応」「処理の経過」などを正確に記しましょう。

あなたへの質問① クレームの発生日時は？（発生日時）

あなたへの質問② 担当者は誰ですか？（担当者名）

あなたへの質問③ 相手は誰ですか？（顧客名）

あなたへの質問④ どういう状況でクレームが発生しましたか？（状況）

あなたへの質問⑤ クレームに対してあなたはどう対応しましたか？（対応）

あなたへの質問⑥ 今後、そうしたクレームが起きないようにするには？（所見）

顧客からの製品の不具合に関するクレーム報告書

クレーム報告書

Q　クレームの発生日時は？

1．受け付け日時

平成○年　○月○日（金）　午後2時30分

Q　担当者は誰ですか？

2．受け付け担当者

カスタマーセンター　アルバイト　○○○○

Q　相手は誰ですか？

3．相手先

××　××様（当社「＊＊＊＊＊」をご購入済）

Q　どういう状況でクレームが発生しましたか？

4．クレーム内容

インストール後、パソコンの動作が遅くなった。

Q　クレームに対してあなたはどう対応しましたか？

5．対応・処理・先方の反応

・保存先をデスクトップからローカルディスクに変更するようお勧めした。

・再インストールの結果、納得していただいた。（注1）

Q　今後、そうしたクレームが起きないようにするには？

6．今後の課題

デスクトップに保存しないよう、注意書きに添えることを提案する。

ポイント

（注1）こちらの対応に相手先がどのように反応したかも書き添える。

取引先からの電話応対に関するクレーム報告書

取引先からのクレーム報告書

Q　クレームの発生日時は？

1．受け付け日時

平成○年　○月○日（金）　午後２時30分

Q　担当者は誰ですか？

2．担当者

弊社　営業２課　○○○○

Q　相手は誰ですか？

3．顧客名

株式会社 ××　×× 総務部長

Q　どういう状況でクレームが発生しましたか？

4．クレーム内容

納期が遅れている弊社製品に対し、×× 氏より納期の見通しについて問い合わせを受けたが、弊社○○の応対が悪くクレームを受けたもよう。

Q　クレームに対してあなたはどう対応しましたか？

5．対応・処理・先方の反応

・○○を伴い ×× 総務部長を訪ね、お詫びした。

・納期の遅れている製品には○日までの納入を確約。

Q　今後、そうしたクレームが起きないようにするには？

6．今後の課題

納期遅れなどの事故情報の課内での共有を徹底する。（注１）

ポイント

（注１）今後、どうクレームの再発を防ぐかはなるべく具体的に記す。

第5章

3分で文書を仕上げるための小ネタ・テクニック

本章ではビジネス文書をすばやく仕上げていくための小ネタやテクニックを紹介します。

いちいちマウスを使っているあなたへ

ファイルはキーボード操作で閉じろ

せっかく作った〝ひな形〟はすばやく呼び出しましょう。

ワープロソフトもすばやく終了させることができればそれだけ作業もはかどります。

遅文の凡人

わざわざマウスを操作してファイルを閉じている。

速文の達人

[Alt]＋[F4]キーですばやく閉じる。

毎日書く「日報」や「業務日誌」など、いちいちワープロソフトを起動して「ファイルを開く」からたどっていては時間がかかるばかりです。

頻繁に使うひな形はデスクトップに置いておけばダブルクリックですぐに呼び出すことができます。

また毎日ではないにしても頻繁に使うひな形は、専用のフォルダーを作り使用頻度順に管理しておくと便利です。

呼び出したひな形で文書を作り終えたらワープロソフトもすばやく終了しましょう。

Alt ＋ F4 キーを同時に押せば一瞬でアプリケーションが終了します。

Alt ＋ F4 キーは、アプリケーション上で押せばアプリケーションを終了でき、ウィンドウズのデスクトップ上で押せばウィンドウズを終了させることもできます。

〝入力作業が遅い〟あなたへ

固有名詞は「辞書登録」しよう

ここからは作った「フレーム」にすばやく文字を入力していくためのテクニックを紹介します。

まずはワープロソフトの「辞書登録」機能の賢い利用法から。

遅文の凡人

長い固有名詞をわざわざタイピングしている。

速文の達人

長い固有名詞やよく使う語句を「辞書登録」している。

自分の名前や勤めている会社の名前など、**入力する機会が多い単語を日本語入力システムの辞書に登録**しておけば、文章入力のスピードがアップします。どんなワープロソフトにも「単語登録」「辞書登録」機能はあります。速書きのためには、それらをフル活用します。

辞書登録は「単語登録」と表示されることもあり、単語の登録にしか使っていないことがあります。しかし**句読点を含んだ文章も登録できる**ので、メールなどで頻繁に使う文章は必ず登録しましょう。

例えば「お世話になっております。株式会社○○の佐藤です」のように、メールに頻繁に使うあいさつ文などは、「おせわ」とタイピングすれば、全文が出るように登録しておきます。

同様に「おつか」と入力すれば「お疲れ様です。○○部の佐藤です」とか、「ごかく」ならば「ご確認いただきますよう、よろしくお願い致します」と変換するように登録していきます。

〝入力ミスが多い〟あなたへ

「辞書登録」でミスを防げ！

辞書登録機能は工夫次第で、もっとフレキシブルに活用することができます。

遅文の凡人

辞書登録に「語句」しか登録していない。

速文の達人

辞書登録を活用して文法上のミスも防いでいる。

辞書登録は、ありがちな文法上のミスも防いでくれます。

例えば「副詞」には必ず「呼応」する言葉が続きます。「決して（副詞）」といえば「〜しないでください（してはいけません）」と結ばなければなりません。

ところが長い文章を書いているうちにそれを忘れてしまい、日本語としておかしい文章になってしまうことが多々あります。そうしたミスをやってしまいがちな人は

「副詞の呼応」パターンを辞書登録すれば速く書けてミスも減ります。

「必ず（ぜひ）〜してください。（登録例・かなら）」「決して（絶対）〜しないでください。（登録例・けっして）」「できれば〜してください。（登録例・できれ）」「いずれ〜となるでしょう。（登録例・いずれ）」「残念ながら〜いたしかねます。（登録例・ざんね）」「もしも〜なら、（登録例・もしも）」「全然〜ない。（登録例・ぜんぜ）」「おそらく〜であろう。（登録例・おそら）」「まさか〜ではない。（登録例・まさか）」「むしろ〜のほうがよい。（登録例・むしろ）」「なぜ〜なのか。（登録例・なぜ）」などは登録しておくと便利です。

〝変換作業に時間をかけている〟あなたへ

「田中課長」を一気に「鈴木部長」に変換する方法

たとえば「田中課長」に宛てた文書を「鈴木部長」宛てに書き直す場合、ショートカットキーを利用すれば5秒で直すことが可能です。

遅文の凡人
文書中に何度も登場する語句をいちいち直している。

速文の達人
文書中に何度も登場する語句は一気に変換している。

ワープロソフトには**「一括置換」**という便利な機能がありますので活用しましょう。「ワード」であれば[Ctrl]**と**[H]**キー**を同時に押すと「置換」のポップアップが開きます。上段に「田中課長」、下段に「鈴木部長」といれて「置換」をクリックするだけで文章の中の**「田中課長」が一瞬にしてすべて「鈴木部長」に置き換わります。**「坂東さん」と何度も書いた文章を完成させたあと「坂東」ではなく、「木」への「板東さん」だったと気づいた場合などとても便利。もちろん人名だけでなく社名や、そのほかの語句も一括変換できます。

こうして[Ctrl]と他のキーを同時に押して、さまざまな機能を制御することが**「ショートカットキー」の活用**です。**ショートカットキーを使用するとキーボードから手を離してマウスに持ち替える必要がない**ので、文書を編集する場合などに効率よく作業を行うことができます。

マウスの操作に手間取っているあなたに

基本的な「ショートカットキー」をおぼえよう

マウスは便利なものですが、「ショートカットキー」を活用してすべての作業をキーボードですませればもっと速く書けるようになります。

遅文の凡人
マウスを使ってワープロソフトを操作している。

速文の達人
マウスの代わりに「ショートカットキー」を活用している。

ここでは文書の編集に便利な「ワード２０１０」（ウィンドウズ）のショートカットキーをご紹介します。

- Ctrl + Home ……文書の先頭へ移動
- Ctrl + End ……文書の末尾へ移動
- Shift + Home ……カーソル位置から行の先頭まで選択する
- Shift + End ……カーソル位置から行の末尾まで選択する
- Ctrl + A ……すべてを選択
- Ctrl + C ……選択したもの（文章）をコピーする
- Ctrl + V ……ペースト（貼り付け）ができる
- Ctrl + X ……カット（切り取り）ができる
- Ctrl + Z ……直前の操作の作業前に戻す
- Ctrl + Shift + Home ……カーソル位置から文書の先頭までを選択する
- Ctrl + Shift + End ……カーソル位置から文書の末尾までを選択する

コピペの達人を目指すあなたへ

固有名詞は「コピペ」してミスを防げ

速書きに欠かせないのがコピー＆ペースト、いわゆる「コピペ」です。「コピペ」で論文を作成することはよくないこと。学生時代はそう教わったかもしれません。しかし活用すれば速書きの達人になれます。

遅文の凡人
「コピペ」が悪いことだと考えている。

速文の達人
「コピペ」を賢く利用している。

もちろん**著作物を無断でコピーすることは許されません**。しかし**固有名詞などは著作物に含まれない**ので、**長いものなど積極的にコピー**しましょう。

例えば「ギネスブックに掲載されている世界一長い地名」はニュージーランドの「タウマタファカタンギハンガコアウアウオタマテアポカイフェヌアキタナタフ」という丘、アルファベットにするとじつに92文字もあります。こんな丘の名前をビジネス文書で使うことはまずありませんが、いちいちこんな地名を書き写していたらパソコン検定1級の人でも確実にタイプミスをします。

長い地名はもちろん、間違えてしまうと失礼にあたる**人名や社名なども正式なウェブサイトからコピペ**したほうが無難です。

マヨネーズと可愛いキャラクターで有名な会社名をタイピングするとほとんどの人が「キューピー株式会社」と打ってしまいますが、正式な名称は「キユーピー株式会社」です。また「キャノン株式会社」も正式には「キヤノン株式会社」です。コピペならばこのような思い込みによるミスも防ぐことができます。

知識に不安があるあなたへ

意味不明の単語は0・5秒で調べろ

社内のひな形などの文章の中にもし意味のわからない単語があった場合、あなたはいつもどうしていますか？　ワード文書なら一発で意味を調べる方法があります。

遅文の凡人

文章中に意味のわからない単語があったら検索して調べる。

速文の達人

文章中に意味のわからない単語があったら Alt で調べる。

文章の中に意味のわからない語句が含まれている場合にいちいちブラウザを開いてその語句の意味を調べていては時間がかかってしまいますが、簡単に調べる方法があります。

ワード2010であれば、**Altキーを押して、単語の先頭をクリック**するだけ。そうすると画面左側に「すべての辞書類」という表示がでますので、日本語であればそこから「国語辞典」を選べば、すぐに意味が表示されます。

この機能は英単語であっても活用できます。いちいち翻訳サイトで調べるのではなく、やはりAltキーを押して英単語の先頭をクリック。そして今度は「すべての辞書類」から「英文アシスタント」を選べば、日本語の訳が表示されます。

逆に日本語の英訳を調べたりすることもできますし、類語を調べることもできます。類語機能を活用して、元の文章の単語を類語に変換していけば、まったく異なる文章になるので、使いまわしが利きます。

第6章

速く書くための環境を整える！

ちょっとした習慣や環境を変えるだけでビジネス文書は見違えるように速く書けるようになります。あなたもこれから紹介する習慣を身につけて速書きの達人を目指してください。

速く書くための習慣①

「メモ」は速書きの必須アイテム

あなたはメモ帳を持っていますか？　メモ帳でなくてもスマートフォンでも構いません。できるビジネスマンに共通すること、それはメモをとる習慣があることです。

遅文の凡人

日報を書く際、パソコンに向かってから今日一日を思い出している。

速文の達人

メモを見ながら日報を3分で書き上げる。

すぐに書き付けられるツールを持っておくことは、速書きだけでなく、アイデアを書き留めるうえでも極めて重要です。

例えば営業日報。

どこかの会社を訪問したら、帰りの地下鉄の駅のホームや車内などでどういう結果だったのかをメモに書き留めておきます。自分のためのメモですから、よい文章を書こうと気負う必要もありません。ただありのままに「事実」を書き留めておけばよいだけです。

この**「事実を書く」というのは、ビジネス文書の第一条件**。メモした内容は最低限の体裁を整えたうえで、そのまま日報に書いて構いません。

そうした**メモを持ち帰って、その日にあった事実を書けば日報はすぐに完成**します。

思いついた業務の改善点や企画のアイデアといったひらめきも、メモにとる習慣をつけておきましょう。

そうすれば、提案書や企画書を書かなければならないときもネタに困ることなく、速く書くことができます。

速く書くための習慣②

「タイムリミット」を設定しよう

日報を書くといったルーティンワークは、毎日書く時間を決めて〝習慣〟にしてしまいましょう。

遅文の凡人

終業時間が過ぎてから日報を書いている。

速文の達人

終業10分前から日報を書くと決めている。

だらだらと書いてしまう人は、**自らタイムリミットを設定**しましょう。10分で書くと決めたら絶対に10分以内に書き終えると自分に約束するのです。

100円ショップなどで売られているキッチンタイマーをセットしてタイムリミットを決めるのもひとつの方法です。

書き始める時間も決めておきます。**終業10分前になったら書き始める**習慣を作って、**就業終了時間をタイムリミットに設定**するのです。

自分に甘い人は、タイムリミット内に書き終えることができなかった場合、自分自身に罰を科してもいいかもしれません。リミットを超えてしまったら風呂上がりのビールを禁止する、などのルールを自分で決めるのです。

プロの文筆家も書く気がしないときは自分自身を追い込みます。例えば、「今日中に書き終えることができなかったら廃業する！」と決めて、自分自身を追い詰めてひたすらタイプする人もいます。中にはハリウッド映画のワンシーンのように部屋にどんどん水が満ちてきて1時間経つと溺れ死ぬ、とイメージする人もいます。そこまでする必要はありませんが、自分を律する訓練にもなるので制限時間を決めましょう。

速く書くための習慣③

「集中できる環境」を作れ

気が散っていてはビジネス文書をすばやく仕上げることはできません。タイムリミットを決めたら、その時間内は書くことに集中しましょう。

遅文の凡人

文書作成中にもメールのチェックをしている。

速文の達人

文書を書くときは〝集中〟できる環境を整えている。

集中力がないと自覚している人は、**気をそらす、すべてのものを排除**しておきましょう。メールのチェックなどは書き始める前に終わらせておきます。フェイスブックを開くなどもってのほかです。

そのためにもパソコンのモニターは、ワープロソフトの画面を１００％表示させて、ブラウザなどのアイコンが目に入らないようにしておきます。

ラインやショートメールの着信音はけっこう気になるもの。ですから10分で書くと決めたら10分間はスマホや携帯電話の電源もオフにしておきます。

机の上も片付けておき、余計なものが目に入らないようにします。必要な資料やメモだけが置いてある状態にしてください。

大切なのは**自らが集中できる環境を知っておく**こと。周囲の音が気になる人は耳栓をしてもよいでしょう。音楽が流れているほうが集中できるという人は、イヤホンで音楽を聴きながら書いても構いません。

自分はどういう環境で書くと集中しやすいのか、さまざまなパターンを試してそれを知っておきましょう。

速く書くための習慣④

「適当・いい加減」を意識しろ

ビジネス文書にはそれぞれに目的があります。あなたが書く文章も、目的を果たすことができればそれでいいのです。

遅文の凡人
完璧な文書を目指して苦しみながら書いている。

速文の達人
「適当でいい」「いい加減でいい」と割り切っている。

小説家の村上春樹さんは『風の歌を聴け』(講談社)でこう書いています。

「完璧な文章などといったものは存在しない。完璧な絶望が存在しないようにね」

完璧主義者で、ビジネス文書にも完璧さを求めてしまう人は、この言葉を胸に刻みましょう。あなたが書く**文章は、その目的を果たせばよい**だけのものです。「報告書」であれば事実の報告がきちんとできればいいだけ、「提案書」であればどんな提案をしているのかが読み手に伝わればよいのです。

いい換えれば**「適当」でよい**のです。

適当とは「ある条件・目的・要求などに、うまくあてはまること。かなっていること。ふさわしいこと」であると辞書にも載っています。高田純次さんのギャグのようなカタカナの「テキトー」はビジネスの場では困りますが、漢字の「適当」ならばOK。「いい加減」も同様で、**ビジネス文書は〝良い加減〟で書けばいい**のです。

ビジネス文書を速く書くコツは**8割くらいの出来でいい**と考えることです。

一字一句にこだわってしまう人は「あとで書き直せばいい」と考えて、まずは一気に書き上げてください。

速く書くための習慣⑤

声に出して「推敲」しよう

推敲とは、「詩や文章を作るにあたって、その字句や表現を練り直したりすること」です。ビジネス文書でもかならず推敲は行いましょう。

遅文の凡人

いい加減な推敲をして書き直しを命じられている。

速文の達人

声に出して推敲している。

「あとで書き直せばよい」と考えて一気に書き上げた文章は、**推敲してから提出**します。誤字脱字だらけの文書や意味の通らない文書をいつも提出していると、ビジネスパーソンとしてのあなたの評価を著しく落としてしまうからです。また**書き直しを命じられてしまっては余計な時間がかかる**だけなので、やはり推敲は必須です。

多くの人が「黙読」で推敲していますが、効率がいいのは**「声に出して読んでみる」、いわゆる「音読推敲」**です。読みやすい文章はリズムのある文章です。リズムは耳で感じるのが一番ですから、プロの文筆家の多くが「音読推敲」を行っています。ビジネス文書でも、リズムのよい文章は読みやすいのです。

文字を目で追いながら声に出して読むと誤字や脱字を見つけやすくなるという効果もあります。自分の声が聴覚にフィードバックされるため、耳で聴く情報と目で見る情報の違いにも気づきやすくなります。

読み上げていると全体の流れがスムーズかどうか、余計な部分がないかどうかといったこともチェックできます。音読するのは手間がかかるように思いますが、何度も黙読して推敲するよりはるかに効率的です。

第7章

レポートなどの「長文」を速く書く方法

日々の報告書をサクサク書き上げて時間を有効活用するノウハウを紹介してきました。ただ、大きく差が出るのはやはり長い文章。ここからはレポートや昇進・昇格論文など、長いビジネス文書を速く書き上げるノウハウを紹介していきます。

〝樹海文章〟になってしまうあなたへ

長文は「段落」ごとに書け

段落とは、文章の内容をひとかたまりにしたものです。段落分けすると受け手が読みやすくなるだけでなく、書き手にとってもメリットがあります。

遅文の凡人

紙がびっしりと長文で埋め尽くされている。

速文の達人

「段落」で文章が区切られている。

「千里の道も一歩から」といいます。マラソンが一歩一歩の積み重ねであるように、**長いビジネス文書も結局は一文一文の積み重ね**に過ぎません。ひたすらゴールを目指して書くしかないのですが、すばやく仕上げるためのコツがいくつかあります。そのひとつが**「段落」ごとに仕上げていく**方法です。段落とはひとつの話題のかたまり。中心となる話題に関連する材料の集まりです。書く目的や見方、内容が変わるときに新しい段落に移ります。「段落」に分けるのは読み手が理解しやすいようにすることが目的ですが、**書き手にとっては、ひとつの通過点**と捉えることができます。マラソンランナーが5キロごとにラップタイムを確認して区切りとするのと同じように、一段落を区切りと考える。その積み重ねと考えて長い文章のゴールを目指すのです。

さて、ここまで9行の文章をわざと段落分けしないで書いてみました。

これを段落に分けると次のようになります。

わかりやすいように、見出しをつけて書きます。

段落①

「千里の道も一歩から」といいます。マラソンが一歩一歩の積み重ねであるように、長いビジネス文書も結局は一文一文の積み重ねに過ぎません。ひたすらゴールを目指して書くしかないのですが、すばやく仕上げるためのコツがいくつかあります。

段落②

そのひとつが「段落」ごとに仕上げていく方法です。

段落③

段落とはひとつの話題のかたまり。中心となる話題に関連する材料の集まりです。書く目的や見方、内容が変わるときに新しい段落に移ります。

段落④

「段落」に分けるのは読み手が理解しやすいようにすることが目的ですが、書き手にとっては、ひとつの通過点と捉えることができます。マラソンランナーが5キロごとにラップタイムを確認して区切りとするのと同じように、一段落を区切りと考える。その積み重ねと考えて長い文章のゴールを目指すのです。

さらに、それぞれの段落を要約すると、話の中心軸が浮かび上がってきます。

- 段落①……「長い文章は一文の積み重ねだが速く書く方法がいくつかある」
- 段落②……「そのひとつが段落ごとに仕上げる方法だ」
- 段落③……「段落とはひとつの話題のかたまり」
- 段落④……「段落を通過点と考えてゴールを目指す」

こうして**「いいたいこと」に分けていく**のがシンプルな方法です。はっきりとした決まりがあるわけではありません。「段落①」と「段落②」を合わせて一段落としてもよいですし、「段落①」～「段落④」をひとまとめにして次の話題に移っても構いません。全体の流れの中で区切ったほうがよいところで段落分けしてください。

〝暗中模索文〟になってしまうあなたへ

「トピックセンテンス」を使いこなせ

段落分けを覚えたなら、次は段落ごとにどう書き進めていくかをマスターしましょう。その決め手が〝トピックセンテンス〟にあります。

遅文の凡人

ひとつの段落で「何を書くべきか」迷っている。

速文の達人

段落を「トピックセンテンス」で始めている。

ひとつの段落を迷わず書く極意を紹介します。それはトピックセンテンスを意識して書くということです。トピックセンテンスとは何か？　国語学者の樺島忠夫氏の『文章術』（角川学芸出版）にはこう書かれています。

『文章は、伝えたいことが読み手によく理解されるものでなければなりません。それとともに、報告する、質問する、意見を述べる、関係を良好に保つなど、何のために文章を書くかという目的をしっかり果たすものでなければなりません。そのような働きを持つ、明快な文章を書く秘訣はトピックセンテンスという内容を予告する文を先頭に置いたパラグラフ（段落）によって文章を組み立てることです』

トピックセンテンスとは、「内容を予告する文」のこと。段落の頭（2番目、3番目でもよい）に置いてその段落がどんな内容か、どんなことを述べるのかの方向づけを行うものです。

トピックセンテンスで段落を始めれば明快な文章が書けるだけではありません。この本のテーマ、ビジネス文書をすばやく仕上げるためにも極めて有効です。なぜなら、どんな内容を書けばよいのか、方向性が明確になり、迷ったり、脱線したりすることが少なくなるからです。

「〜について以下に述べます」というのが、トピックセンテンスのもっともわかりやすいパターンです。前ページで言えば、冒頭に太字で書いた「ひとつの段落を迷わず書く極意を紹介します」という文がトピックセンテンスです。これは、この項目の**「テーマ（主題）」を予告するパターン**。

ほかにも「〜の問題をどうすれば解決できるでしょう?」と**問題を提起するパターン**、「〜のポイントは3つ」と、これから述べる**3つを予告するパターン**もあります。

トピックセンテンスを早めに打ち出したら、あとは予告した内容を支える文を続けていくだけ。「ひとつの段落を迷わず書く極意を紹介します」とトピックセンテンス

トピックセンテンスのパターンと文例

段落のテーマを予告する	・結論から述べると＊＊＊＊だ。 ・ここでは＊＊＊＊について考えたい。 ・＊＊＊＊について以下に述べる。
事例・ケースを予告する	・＊＊＊＊＊のポイントは3つある。 ・想定できるのは5つのケースだ。 ・キーマンとしては３人が挙げられる。
問題・疑問を提起する	・なぜ＊＊＊＊なのだろうか？ ・このような問題がどうして起きてしまうのか？ ・いっぽう、＊＊＊＊の場合はどうだろうか？

で書いたら「それは～」と続けます。「～の問題をどうすれば解決できるでしょう？」と問題提起のトピックセンテンスを打ち出したら「そのためには～」と続く。「～のポイントは３つ」と書けば「第一のポイントは～」という流れが自然とでき上がります。

ビジネス文書は、相手に理解してもらうために書くもの。**トピックセンテンスで内容を予告する**と読み手も「これから×××の話が始まるのだな」という心づもりをするため、理解しやすいのです。

〝設計図〟をうまく作れないあなたへ

「見出し」で組み立てるから、長文も速い！

トピックセンテンスとは「あとに続く内容の予告である」と書きました。その端的なものが「見出し」です。トピックセンテンスが段落の予告ならば、「見出し」はテーマに従って、いくつかの段落をまとめた項目の予告です。

遅文の凡人

見出しのない文章がだらだらと続いている。

速文の達人

「大見出し」「小見出し」を最初に作っている。

この本で小見出しの効用を紹介しましたが**見出しは長文の構成を組み立てるときにも役立ちます**。企画書でいえば「企画内容」と大きく掲げたものが「大見出し」、その内容を個別に説明する部分が「小見出し」です。

この「大見出し」と「小見出し」を最初に作り上げることが長文のビジネス文書を速く書き上げるためのポイントです。**大見出しと小見出しはいわば設計図**。設計図さえ完成させれば、あとは、見出しにあった材料を、それぞれに配置していくだけです。

この設計図作りに役立つのがワープロソフトの**「アウトライン」機能**です。アウトラインは文書全体を階層として表すことができる機能。例えばワードでは、見出しを９つの階層に分けることができます。

ビジネス文書ならば「大見出し」「中見出し」「小見出し」「内容の箇条書き」の４階層もあれば、全体の組み立てができます。アウトライン機能では、見出しの入れ替えや階層の変更も簡単にできるので、全体の組み立ての練り直しも容易にできます。

また、頭の中にあるアイデアを具体的な形で整理していけるのでおすすめです。

〝冒頭が弱い〟といわれるあなたへ

「序結論・本論・結論」の三段構成で書け

長文のビジネス文書の基本形が「序論・本論・結論」です。
しかし「序結論・本論・結論」で書けば、速く書き上げられます。

遅文の凡人
「序論、本論、結論」に従って書こうとしている。

速文の達人
「序結論・本論・結論」でまとめている。

論文やレポートなどの長文を書く場合、もっともオーソドックスなのが「序論・本論・結論」という三段階の構成です。

「序論」はその文章のテーマを述べる部分です。レポートであれば「どういう背景で、どんな観点から、何のレポートを書くのか」の論点をまず明確に打ち出します。小論文などはここまででもよいのですが、**ビジネス文書では序論で「結論」も簡潔に打ち出します**。結論を最初に打ち出せば、あとの展開が楽ということは前にも書きました。つまり単なる序論でなく「序結論」で始めます。

続く「本論」では序論で打ち出した結論を導き出した理由を説明します。どういう調査・取材・観察で結論に至ったのかを肉付けしていくのです。ここでは具体的な例やデータ、引用資料などを用いて多角的な説明をすることで説得力を持たせます。

最後の「結論」では、序結論で表明し、本論で主張した内容をまとめ、結論をもう一度打ち出します。そのうえで新たな提案や行動を呼びかけます。つまり単なる押さえ直しではなく、より発展的な形でまとめるわけです。

「序結論」「本論」「結論」の中でもっともボリュームを持つのが「本論」です。とはいえ、この本論も前項で紹介したトピックセンテンスを冒頭部分に置いて、次ページの図のように小見出しごとに段落を積み重ねていくと、思いのほか簡単に書き上げることができます。

大事なのは序結論で述べたテーマから、脇道にそれないこと。文章内すべての要素をテーマに集中させることで筋の通ったレポートになり、すばやく書き上げることができます。その際も、さきほど紹介したように「大見出し」「中見出し」「小見出し」でアウトラインを作り、その設計図通りに材料を配分しながら内容を書けば迷いません。

第1章の「一文を速く書く秘訣」や第2章の「伝わる文章を速く作る秘訣」などを使って、サクサクとすばやく仕上げてください。

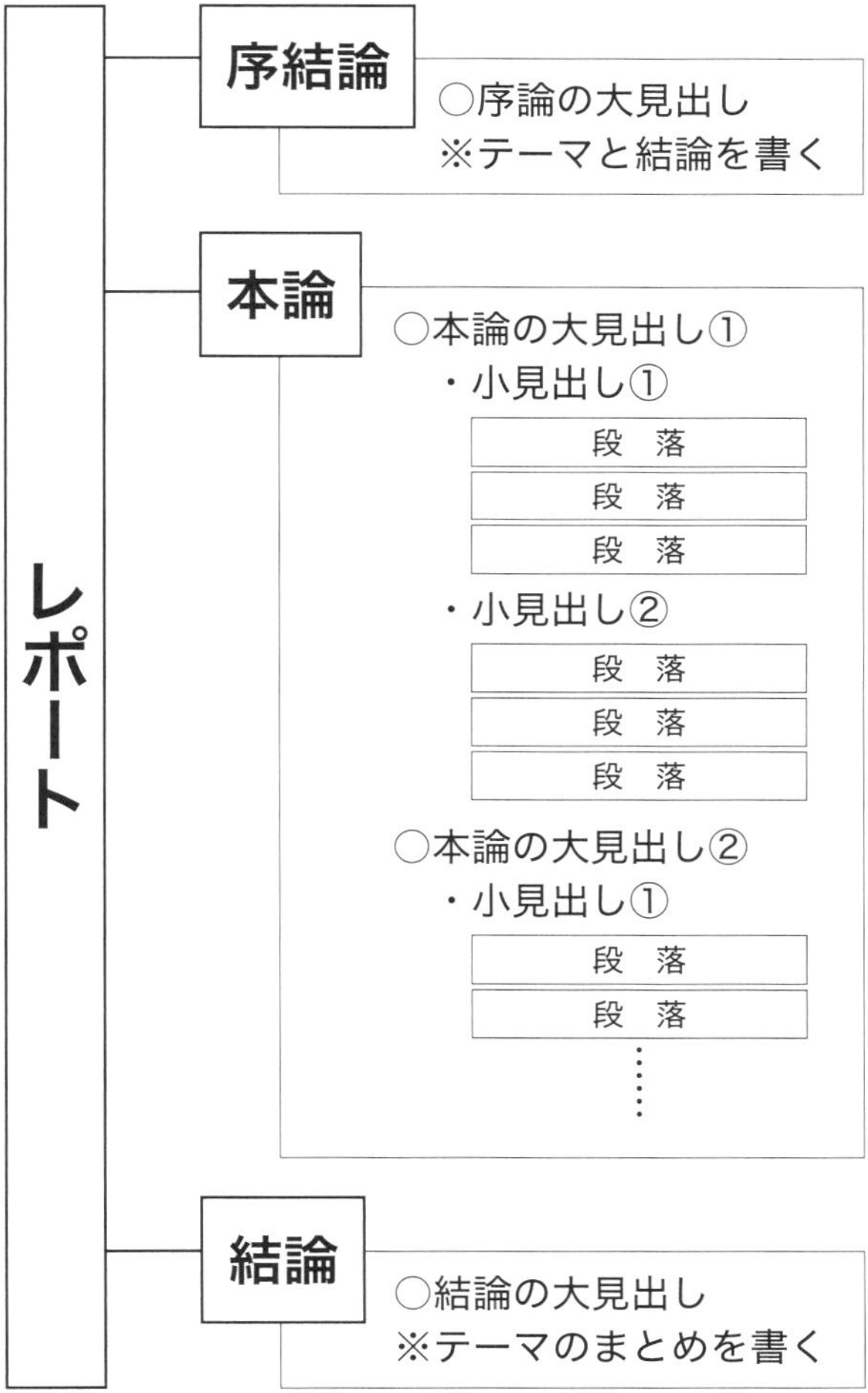
レポート
序結論
○序論の大見出し
※テーマと結論を書く
本論
○本論の大見出し①
・小見出し①
段　落
段　落
段　落
・小見出し②
段　落
段　落
段　落
○本論の大見出し②
・小見出し①
段　落
段　落
結論
○結論の大見出し
※テーマのまとめを書く

〝文章エリート〟を目指すあなたへ

「サンタの法」でもっと速くなる！

「サンタ」といってもサンタクロースではありません。
文章力をアップさせるための極意が、この「サンタの法」です。

遅文の凡人

読まない、書かない、考えない。

速文の達人

読む、書く、考える。

文章が上達していけば、書くスピードがどんどん速くなっていきます。では文章を上達させるにはどうすればよいのでしょうか。

昔から文章上達の極意とされているのが**「三多《さんた》の法」**です。中国の文学者欧陽修が提唱したもので、「看多《かんた》」、「做多《さた》」、「商量多《しょうりょうた》」の3つです。

「看多」は**「多く読む」**こと。**「做多」**は**「たくさん書く」**こと。**「商量多」**は**「たくさん考えて工夫する」**ことです。当たり前のことですが、これ以外に文章上達の近道はありません。

まず「看多」。多くの本を読めば自然と文章力がつくことはいうまでもありません。その中で「こんな文章を自分も書きたい」と思えるものに出会ったら、繰り返し読んで、その特徴を自分のものとしましょう。

その際、できれば実際に書き写してください。そうすると著者が、なぜそう書き出したのか、なぜそこで読点を打ったのか、なぜそう結んだのか、段落ごとのつなぎをどう考えたのかが理解できるようになります。

「做多」で大切なのは、継続的に書き続けることです。手本となる文章を読むだけでなく、実際にオリジナルの文章を書いてみる。インプットしたものをアウトプットしながら自分の血肉とするのです。ゴルフの上達本をいくら精読しても実際のラウンドでよいスコアはでません。実際に体を動かして体得するしかないのと同じです。

いまは「ブログ」などのアウトプットツールを誰でも手軽に使うことができます。ブログを始めるならば友達にだけ通じるような文章ではなく**不特定多数の読者を想定**してオリジナルの文章を綴ってみましょう。半年もすれば文章を書くスピードはかなり速くなっているはずです。

始めたブログの文章は昨日より明日、明日よりあさってのほうがよいものになるようしっかりと自分で検証してみる。それが「商量多」です。

この本ではビジネス文書を「速く書く」ノウハウを紹介してきました。それは日々、増え続ける書くための作業時間を減らして時間を有効に使ってもらうためです。例えば、**速く書くことで生まれた時間をこの三多に使ってはいかがでしょう。**

読書をしてよい文章に親しむ。ブログを始めて書くことに慣れる。そうして書いた文章を推敲しながらさらによい文章を目指す。

そうした積み重ねは文章の上達につながり、書くスピードが加速度的に速くなり、さらなる自由な時間を作り出せるのです。

その時間を自分への投資に使えば、あなたは確実に成長します。これからのビジネス人生が大きく変わるのです。ぜひとも、文章力を上達させて「速書きメソッド」を、あなたの人生の武器としてください。

付録

巻末資料

思わず使ってしまいがちな「重ね言葉」の代表的な例

- あとで後悔する
- いちばん最後
- 色が変色する
- 炎天下のもと
- ○○会を閉会する
- 火事が鎮火する
- 期待して待つ
- 車の車間距離
- 古来からの
- 収入が入る
- 正念場の局面
- あらかじめ予定する
- いま、現在
- 違和感を感じる
- お歳暮の贈り物
- 各家庭ごとに
- 過信しすぎ
- 鳩首を集める
- 血痕のあと
- 最後の追い込み
- 従来から
- 慎重に熟慮
- すべて一任する
- いまだに未完成
- 沿岸ぞい
- 思わぬハプニング
- 加工を加える
- かならず必要
- 挙式を挙げる
- 嫌悪感を感じる
- 辞意の意向
- 受注を受ける
- 成功裏のうち

・製造メーカー
・第5日目
・電気の電源
・内定が決まる
・日本に来日する
・はやりの流行語
・犯罪を犯す
・平均的アベレージ
・満十周年
・ふたたび再婚
・余分な贅肉

・壮観な眺め
・断腸を切る思い
・電車に乗車する
・捺印を押す
・年内中に
・春一番の風
・被害をこうむる
・まだ時期尚早
・水が増水
・もっぱら専念
・より以上に

・そもそもの発端
・陳述を述べる
・突然、卒倒する
・何よりも一番
・初デビュー
・範囲内の中で
・古い老舗
・まだ未解決
・昔の旧街道
・予期しない不測の
・留守を守る

※言葉や漢字の本来の意味を考えれば、「重ね言葉」は防げます！

ビジネスシーンで使われがちなカタカナ語と日本語変換例

・アライアンス：alliance（同盟・連携・提携）

使用例：この手のフィールドに強い企業とアライアンスする必要がある。

変換例：この分野に強い企業と提携する必要がある。

・イシュー：issue（重要な点・論点・争点）

使用例：いま、プライオリティの高いイシューはそこではない。

変換例：いま、優先順位の高い論点はそこではない。

・エビデンス：evidence（証拠・根拠・証言・形跡）

使用例：おまえのサジェスチョン、ちゃんとエビデンスあるんだろうな。

変換例：あなたの意見、根拠はありますか？

・コモディティ：commodity（日用品・普遍化・一般化）

使用例：いまはアドバンテージがあっても、そんなのすぐにコモディティ化するから。

変換例：いまは優位性があるが、やがて普遍化する。

・コンセンサス：consensus（一致・合意・総意）

使用例：課内のコンセンサスを取ってから進めないと頓挫する。

変換例：課内の合意のうえ、進めないと頓挫する。

・サマリー：summary（概要・要約）

使用例：明日のミーティングに使う資料、ペライチのサマリーによろしく！

変換例：明日の会議の資料、A4、1枚程度にまとめておいてください。

・シナジー：synergy（共同作用・相乗効果）
使用例：両社のアライアンスは、かなりのシナジーが見込めます。
変換例：両者の提携は相乗効果が見込めます。

・スキーム：scheme（枠組み・計画・体系）
使用例：このアジェンダを解決するスキームが求められている。
変換例：この検討課題を解決する枠組みが求められている。

・セグメント：segment（何かを分割したもののうち、ひとつの部分・区切り・区分）
使用例：ターゲットをセグメントしてフォーカスしないとコスパが悪い。
変換例：対象を分割して絞り込まないと費用対効果が悪い。

・パラレル：parallel（平行・並行・並列）
使用例：プリンシパルな案件が重なったためパラレルで進める。

変換例：重要案件が重なったため、並行して進める。

・プライオリティ：priority（優先順位・優先順・優先権）

使用例：プライオリティを決めて動かないといっぱいいっぱいになる。

変換例：優先順位を決めて取り掛からないと手に余る。

・ベネフィット：benefit（利益・恩恵・便益）

使用例：ユーザーのベネフィットにプライオリティをおかないとイシューがぼやける。

変換例：顧客の利益を第一に考えないと論点が絞れない。

・ペンディング：pending（未定・保留・先送り）

使用例：新規のプロジェクトは一旦、ペンディングとさせていただきます。

変換例：新規のプロジェクトは保留とさせていただきます。

ビジネスシーンで使えることわざ・慣用句・四字熟語

「生き馬の目を抜く」

【意味】すばしっこく人を出し抜き、抜け目がなくて油断できないさまのたとえ。

【用例】生き馬の目を抜くような営業マンがそろったＡ社に対抗するためには……

「窮鼠《きゅうそ》猫を噛む」

【意味】絶体絶命の窮地に追い詰められれば弱い者でも強い者に逆襲することがあるというたとえ。

【用例】すでに勝敗は決した。窮鼠猫を噛む、これ以上、追い込む必要はない。

「魚心《うおごころ》あれば水心《みずごころ》」

【意味】相手が好意を示すのであれば、こちらも好意を持って対応しようということ。

【用例】魚心あれば水心といいます。誠意を示して頂ければ弊社の対応も変わります。

「藪《やぶ》をつついて蛇を出す（やぶへび）」

【意味】余計なことをして、かえって悪い結果をまねくことのたとえ。

【用例】当社にも非はある。訴訟を起こした場合、藪をつついて蛇を出すことになる。

「捕らぬ狸の皮算用」

【意味】手に入るかわからない不確かなものに期待をかけ、計画をねることのたとえ。

【用例】B社の了承を得てから試算をしないと、捕らぬ狸の皮算用となりかねない。

「馬《ば》脚《きゃく》をあらわす」

【意味】「馬脚」とは芝居で馬の脚に扮する役者のこと。馬の脚を演じていた役者がうっかり足を見せてしまうことから、隠していた本来の姿があらわれること、化けの皮がはがれることをいう。

【用例】口車に乗って契約しかけたが、細部の説明を求めたところ矛盾があり、馬脚をあらわした。

「以《い》心《しん》伝《でん》心《しん》」

【意味】言葉に出さなくても理解し合えること、心が通じ合うこと。

【用例】C社の担当者は十年来の付き合い、以心伝心で先方の意図も理解できる。

「玉《ぎょく》石《せき》混《こん》淆《こう》」※「混交」でも可

【意味】すぐれたものと劣ったものが区別なく入り混じっていることのたとえ。

【用例】今年の新入社員は玉石混淆の傾向があり、人事には適材適所が求められる。

「虚《きょ》心《しん》坦《たん》懐《かい》」

【意味】わだかまりを持たず、無心で平静な心境。偏見がなく、心を開いていること。

【用例】アドバイスを虚心坦懐に受け止め、力を尽くす所存です。

「他山《たざん》の石《いし》」

【意味】よその山から出た、つまらない石。転じて、自分の修養の助けとなる他人の誤った言行。

【用例】D社の不祥事を他山の石として弊社も会計の透明化を一層、推進していくことが求められる。

「画《が》竜《りょう》点《てん》睛《せい》を欠く」　※「画竜＝がりゅう」でも可

【意味】ほぼ完成しているが肝心な一点が抜けているため、全体が生きてこないこと。

※「睛」を「晴」、「欠く」を「書く」と間違いやすいので注意する。

【用例】まとまった企画書だが、キャッチコピーが凡庸で画竜点睛を欠いている。

「枝《し》葉《よう》末《まっ》節《せつ》」

【意味】本質的でない、取るに足りない事柄。全体の中の細かい部分、ディテール。

【用例】問題は装飾といった枝葉末節にあるのではない、コンセプトそのものにある。

敬語（尊敬語・謙譲語・丁寧語）の言い換え

「尊敬語」

相手を立てるときに使う言葉。相手を敬っている、尊重しているという気持ちをあらわす。

「謙譲語」

尊敬している相手に対し、自分や身内をへりくだって表現することで、相手を立てる表現。

「丁寧語」

相手や内容を問わずに表現を丁寧にしたいときに使う言葉。

一般的な表現	尊敬語	謙譲語	丁寧語
する	なさる・される	いたす・させていただく	します
いる	いらっしゃる	おる	います
いう	おっしゃる・いわれる	申す・いわせていただく	いいます
聞く	お聞きになる	うかがう・承る・拝聴する	聞きます
思う	思われる・お思いになる	存ずる・存じ上げる	思います
会う	お会いになる	お目にかかる	会います
行く	いらっしゃる・おいでになる	伺う・参る	行きます
来る	いらっしゃる・おいでになる・お見えになる	伺う・参る	来ます
食べる	召し上がる・お食べになる	いただく・頂戴する	食べます
見る	ご覧になる・見られる	拝見する・見せていただく	見ます

●著者プロフィール

石田章洋（いしだ・あきひろ）

1963年岡山県生まれ。構成作家&プランナー。日本脚本家連盟員・日本放送協会会員。ライター&プランナーズオフィス、株式会社フォーチュンソワーズ代表取締役社長。25年にわたり各キー局の情報番組・報道番組などを中心に構成を担当。最近の主な担当番組は「世界ふしぎ発見！(TBS)」「情報プレゼンター・とくダネ！（フジテレビ）」「BSフジLIVEプライムニュース」など。構成を手がけた「世界ふしぎ発見！～エディ・タウンゼント　青コーナーの履歴書」は第45回コロンバス国際フィルム&ビデオ・フェスティバルで優秀作品賞を受賞するなど、番組の企画・構成・制作に関して高い評価を受けている。大手電機メーカーや大手化粧品会社の広報・マーケティングのコンサルティングを行うなどビジネスシーンでも活躍している。

マイナビ新書

スーパー速《はや》書《が》きメソッド

2014年4月30日　初版第1刷発行

著　者　石田章洋
発行者　中川信行
発行所　株式会社マイナビ
〒100-0003 東京都千代田区一ツ橋1-1-1 パレスサイドビル
TEL 048-485-2383（注文専用ダイヤル）
TEL 03-6267-4477（販売部）
TEL 03-6267-4444（編集部）
E-Mail pc-books@mynavi.jp（質問用）
URL http://book.mynavi.jp/

装幀　アピア・ツウ
印刷・製本　図書印刷株式会社

　ISBN978-4-8399-4979-2

Printed in Japan